VENDER es un ESTILO de VIDA

VENDER es un ESTILO de VIDA

"Todo lo que desees en la vida lo alcanzarás si haces de las ventas tu estilo de vida"

Luis Cones

© Copyright Luis Cones
Primera Edición: Marzo de 2019
Luiscones.com

Portada: Felipe Angulo
bauhdesing.com

Diagramación: Carlos Pérez Cárdenas
cardenasg5@gmail.com

Edición: Ángel Gámez
Fundelideres.com

Reservados todos los derechos.
Ni la totalidad ni parte de esta publicación pueden reproducirse, registrarse o transmitirse, por un sistema de recuperación de información, en ninguna forma ni por ningún medio, sea electrónico, mecánico, fotoquímico, magnético o electroóptico, por fotocopia, grabación o cualquier otro, sin permiso por escrito del editor.

Caracas, Venezuela, 2019

Acerca del autor

Luis Cones, catalogado por la prensa como El Artista de las Ventas, es el Conferencista del Año 2017 por la Organización Premio El Emperador Internacional, Motivador del Año 2017 por los Premios Occamy's Internacional, Personalidad Emprendedora del Año 2016 por los Premios Santa Cecilia y su empresa Cones Consulting Group ha sido galardonada con el Premio Internacional Quality Summit en la Convención Internacional de Calidad 2017 en New York. Además de Conferencista Internacional de Alto Impacto, es Motivador, Coach y Estratega en Ventas. También, fue productor y conductor de los únicos programas de la televisión y radio venezolana dedicado a las ventas Todos Somos Vendedores y Vive la Venta con Luis Cones.

Como Profesional de las Ventas ocupó durante años posiciones muy importantes y estratégicas en empresas transnacionales. En *Siemens*, recibió varios reconocimientos gracias a su destacada contribución al crecimiento y fortalecimiento del negocio, que van desde Premios al Mejor Vendedor de la Región Andina hasta ser seleccionado como Ciudadano *Siemens* en Acción. Su formación académica en Ventas, PNL, Coaching, Liderazgo Transformacional y Gerencia del Cambio la obtuvo de la Academia Alemana Gustav Käser, de la empresa de consultoría norteamericana PCOs International y de la Universidad de la Sabana en Bogotá. Ha cursado estudios de Maestría en Gerencia de Empresas en la Universidad Metropolitana en Caracas, Diplomado en Gerencia Avanzada, Diplomado de Negocios Internacionales y es Ingeniero Electricista también egresado de la misma casa de estudios.

Contenido

Prefacio 9

Parte I
EL NIÑO QUE APRENDIÓ A VENDER

El rompecabezas del futuro tiene sus piezas en el pasado 15
Descubre al vendedor que llevas dentro 31
Crea consciencia de vendedor 45

Parte II
EL ADULTO QUE NO SABÍA POR QUÉ VENDÍA

Ser humano es ser vendedor 57
El artista vendedor 73
El ingeniero vendedor 91
El gerente vendedor 105

Parte III
EL PADRE DISPUESTO A ENSEÑAR A VENDER

Véndete 121
La brújula de ventas Cones 133
Siguiendo el ejemplo de mamá 169

Prefacio

Con un cielo coloreado de tonos naranja y Mar Caribe, salía de la oficina después de un interminable día de trabajo. El volante estaba hirviendo y el aire acondicionado aún no compensaba el calorcito caraqueño. Sonaba una de esas canciones que me levantan el alma, de pronto se bajó automáticamente el volumen para anunciar una llamada que esperaba con ansias.

Al ver el número telefónico en la pantalla del reproductor de sonido, apliqué los tres pasos para atender una llamada importante:

Primero, respiré profundamente tres veces, inhalando lentamente y exhalando rapidito.

Segundo, vi el espejo retrovisor para configurar mi mejor sonrisa, acompañada de una mirada cariñosa y cercana.

Tercero, me conecté con el nacimiento de mi primer hijo, justo al salir del hospital, después de haber estado veintiún días en incubadora.

Estaba anclándome emocionalmente al hacer el ejercicio de respiración, para no sonar desesperado. Alegre al combinar mi sonrisa con mi mirada y lo suficientemente sensible con todo lo que vivió mi hijo, para poder colocarme en el lugar del cliente.

Quien llamaba era un cliente con una voz fuerte pero a la vez alegre. Imaginaba su rostro con una mezcla de preocupación y satisfacción, más allá de eso, era el cierre de un ciclo de ventas que llevaba más de seis meses.

Con un preámbulo largo, y hasta sentimental, el dueño del hospital privado me confirmaba que habíamos quedado seleccionados para la dotación de su Departamento de Imagenología. No faltaban las ganas de gritar a los cuatro vientos ¡Sííí!, pero me tuve que conformar con las pulsaciones a millón y una mega sonrisa, porque el cliente después de haberme dado la extraordinaria noticia habló media hora más. Esto hizo que dejara de pensar en la suculenta comisión que me iba a ganar, en el prestigio de haber sido el vendedor responsable de tan importante proyecto y en la inversión de tiempo que le había dedicado. Desaparecieron por completo las ganas de celebrar.

Luego de haber escuchado casi una hora al cliente por las cornetas del auto, continuó sonando «Esta vida», una de mis canciones motivacionales favoritas, en la que el cantante colombiano Jorge Celedón le rinde tributo a la vida.

De inmediato grité a los micrófonos del sistema de audio: ¡Silencio! Ahí comencé a darme cuenta que en la emoción, había perdido el rumbo, ya no estaba yendo hacia mi casa. De manera inexplicable, estaba llegando a las playas de La Guaira, a unos treinta kilómetros de Caracas y como se trataba del mar, mi lugar de desconexión, decidí continuar el viaje a la playa con flux, corbata y zapatos de vestir.

Rodé un poco más y llegué a una playa que en épocas de adolescencia visitaba semanalmente, Playa Pantaleta. Estacioné lo más cerca que pude de la orilla, la escena era como de película. Al bajarme del auto, mis zapatos se incrustaban en la esponjosa arena, la corbata se movía rápidamente hacia mi hombro izquierdo, mi camisa se inflaba cada vez más de aire y yo caminaba hacia el mar con el único propósito de escuchar más de cerca las fuertes olas. Me senté justo donde el agua va y viene a hacer algo que hasta ahora nunca había hecho: meditar.

A partir de esa meditación a mediados del 2007, he podido alcanzar, a mi corta edad, todo lo que me he propuesto. Cómo lograr "todo lo que te propongas" es lo que quiero compartir contigo en este libro, que te permita encontrarte más, conocerte más, e incluso profesionalizarte en esta maravillosa carrera llamada ventas.

Te advierto que, a medida que sigas leyendo, escucharás algunos ruidos internos que vendrán desde lo más profundo de ti. Ellos representan el despertar de tu consciencia de vendedor. Sentirás emociones únicas, que tal vez nunca habías experimentado, al leer un libro. Esas emociones serán la demostración de que lo más importante no es mi conocimiento, ni mi experiencia, ni mucho menos mi historia, sino más bien cómo mis vivencias se parecen a las tuyas. Al pasar las páginas irás adquiriendo herramientas prácticas y sencillas para pasar de la intención a la acción.

Todo esto lo comprenderás gracias a muchos años de mi investigación sobre las ventas, infinitas experiencias como vendedor y una formación académica que me permitió construir mi filosofía de vida: Vender es un estilo de vida.

Vender es un estilo de vida se fundamenta en las tres etapas del *Coaching transaccional*: un niño que aprendió a vender, un adulto que no sabía por qué vendía y un padre dispuesto a enseñar a vender.

Han pasado algunas lunas desde aquel 26 de diciembre de 2015 cuando inicié estas líneas. Muchas vivencias, cambios insospechados en mi vida sentimental y giros abruptos en lo profesional, hasta algunas canas han aparecido en los lugares menos esperados. Así que ponte el *traje de vendedor*, échate el *perfume de la actitud* y no esperes más, porque tu cita con el éxito te espera en las siguientes páginas.

– I –
EL NIÑO QUE APRENDIÓ A VENDER

Capítulo I
El rompecabezas del futuro tiene sus piezas en el pasado

Quiero comenzar esta conversación interactiva, educativa y divertida que vamos a tener con un pequeño abreboca del origen: de mi origen.

Hace mucho tiempo en un pueblito caluroso, no sólo por las altas temperaturas sino por su gente, en el Oriente de Venezuela, llamado antiguamente Chamariapa, ahora Cantaura, nacieron y se conocieron Luis Rafael y Leida, mis padres. Al cabo de un tiempo, el destino los llevó a reencontrarse en Caracas, donde se hicieron novios y decidieron casarse cuatro meses antes de que yo naciera. Sí, lo sé, posiblemente fui el resultado de un preservativo defectuoso, de un error de cálculo o la causa de un matrimonio obligado.

Y aunque nunca me han confirmado estas hipótesis, lo cierto es que nací el 14 de junio de 1980, a las 3.30 p.m. en la Maternidad Santa Ana de Caracas. Crecí en un apartamento de setenta metros cuadrados que compartíamos con mis cinco tíos y abuelos paternos, ubicado en la popular barriada caraqueña El Valle.

Mi papá, Luis Rafael, mejor conocido como Rafa, en su infancia tenía un único pantalón que lo turnaba con mi tío para ir al colegio. A los dieciséis años se fue a Caracas, después de vender un cuero de cunaguaro que él mismo cazó. En la capital trabajó como limpiabotas, mesonero, obrero, electricista y llegó a ser asistente contable en una empresa privada de suministro de gas. A pesar de tener en aquella época un hogar con tres hijos, pudo estudiar por las noches y graduarse como contador público a los treinta y nueve años.

No importa de dónde vienes pero sí para dónde vas.

Mi mamá tuvo la fortuna de venir de un hogar donde nunca le faltó lo necesario, llegó a Caracas buscando un mejor futuro como educadora. Trabajó a tiempo completo como maestra en zonas populares hasta un día antes de mi nacimiento. A pesar de sus tres hijos y la presión de mi papá para que se dedicara 100% a nosotros, nunca dejó su trabajo. Su pasión por enseñar la atendía mientras estábamos en el colegio. Su forma tan particular de guiarme, con ese carácter tan fuerte pero a la vez tan dócil, fue mi escuela perfecta para cuidar y proteger a mis hermanos menores cuando ella no estaba. Nunca olvidaré cómo cruzábamos las calles para tomar el autobús que nos llevaba al médico. Sujetaba mi mano y la de mi hermana Raylé a la trabilla de su pantalón, yo tenía ocho años y mi hermana tres. Llevaba a mi hermano Jesús, de apenas meses de nacido, en un brazo junto a la pañalera y con la mano libre detenía el bus.

No hay nada que el amor no pueda curar.

MI PRIMERA VENTA

Un día estaba de vacaciones en Cantaura y mi abuelo paterno me invitó a recoger hortalizas en su conuco ubicado a unos cinco kilómetros de la casa. Agarré mi mochila y la llené con repelente contra mosquitos, una cantimplora, fósforos y velas. Mis abuelos, con una gran sonrisa y con ojos brillantes, me dijeron que eso no me iba a hacer falta, yo tenía cinco años. Con mi morral al hombro emprendimos la caminata, expuestos a un sol incandescente que me hizo sudar y empapó por completo mi franela en cuestión de minutos. En cada cuadra que caminábamos le preguntaba a mi abuelo cuánto faltaba. Por fin, después de casi una hora de caminata, llegamos.

Recogimos varias auyamas, tomamos agua del río y a caminar otra vez, pero ahora con unos cuantos kilos de más.

Siempre sal de tu casa con las llaves, algo de dinero y alguna identificación.

Al llegar pensaba que iba a descansar de la gran travesía, pero mi abuelo preparó un tarantín en la entrada de la casa, donde colocó las auyamas. Sacó una balanza un poco vieja, me dijo todos los precios por kilogramo, y además me dijo que si lograba venderlas me iba a ganar algo de dinero para comprar chucherías. Entonces, comencé a vociferar como los vendedores de los mercados populares: "Lleve la auyama, la auyama, la auyama".

Para mi sorpresa, vecinos y transeúntes comenzaron a comprar. Al cabo de un par de horas ya no me quedaba nada. Mi pecho inflado y los "dientes pelados" por la cantidad de dinero que había recolectado me hicieron olvidar las chucherías. Al llegar el momento de repartir el dinero mi abuelo dijo: "Este guaricho va a ser vendedor, no porque lo vendió todo, sino porque se quiere quedar con todo el dinero".

Entre risas y abrazos lanzó una frase al universo que, como diría mi gran amigo Eduardo de Abreu -especialista en la Ley de Atracción-, tarde o temprano el universo conspirará para cumplirla.

Si crees que se puede, se podrá. Pero si crees que no puedes no se podrá.

No recuerdo ningún otro contacto con las ventas después de ese día, salvo la capacidad que tenía a mis diez años de convencer a mis amiguitos para que hicieran lo que yo les decía. De hecho este don fue algo que comencé a utilizar discretamente, porque sentía que era peligroso. Y podrás imaginar las cosas que se le pueden ocurrir a un niño en primaria.

Me fui dando cuenta que las palabras tienen poder: con voz fuerte y una buena postura corporal se puede intimidar hasta al más fuerte, aún sin tener un buen mensaje. Saber eso, empíricamente, me ayudó a evitar muchas peleas. Años más tarde, después de muchos estudios, descubrí que se trata del buen uso de la Programación Neurolingüística. Cuando se perfecciona su uso, se convierte en un componente fundamental para persuadir, influir y servir y, por ende, vender. De esto hablaremos más adelante.

Las palabras tienen poder.

Creo que mis padres detectaron de inmediato mi capacidad de influenciar a los demás y comenzaron a comunicarse conmigo de manera más efectiva y precisa. Por un lado, mi papá, quien me decía casi todos los días al llevarme al colegio por las mañanas: "Luis Manuel, no importa lo que decidas ser, tienes que ser el número uno".

Por el otro lado, mi mamá me decía también casi todos los días con mucha insistencia: "Luis Manuel, tienes que dar el ejemplo, recuerda que eres el mayor de tus hermanos y lo que hagas ellos lo van a hacer también".

Estas frases, con objetivos distintos, una orientada hacia la superación -la de Rafa- y la otra hacia el liderazgo -la de Leida- sin duda se convirtieron en mis banderas y mi norte.

Hay personas que ejercen influencia en nosotros, por ejemplo en la ropa y productos que usamos, los sitios que frecuentamos, e incluso en la forma de hablar. Ahora, debemos preguntarnos sobre cuántas personas influimos nosotros.

La influencia debe ser multidireccional.

El liderazgo debe canalizarse hacia lo positivo, todos conocemos lo que pueden hacer los líderes negativos. Hablar de positivo o negativo es relativo para algunos, pero al final del día todos sabemos lo que es bueno y lo que no. Incluso los delincuentes saben que no lo están haciendo bien. Entonces, *métele el ojo* al tipo de liderazgo que ejerces sobre tus hijos y ellos sobre los demás.

Liderar no es hacer que te sigan, es hacer que te crean.

En bachillerato el coordinador del colegio, psicólogo de profesión, me decía, refiriéndose a mi mejor amigo: "Cones, aléjese de ese muchacho, es una mala influencia".

La verdad es que en ese momento no comprendía la dimensión de lo que me estaba diciendo, en esa etapa de mi vida creía que *me las sabía todas*. Pero al poco tiempo pude comprobar que sus palabras eran ciertas. Efectivamente, mi mejor amigo y compañero de *rumbas*, me estaba alejando del buen comportamiento, de las buenas calificaciones y del respeto a los profesores.

Nunca es tarde para darnos cuenta de que tenemos personas alrededor que no ayudan, que cada día vaticinan sucesos negativos o que incluso nos llevan a tomar decisiones de las que nos podemos arrepentir. Desde ese día y creo que para siempre, se sembraron en mi cabeza las palabras de Leida, mi madre: "Debes dar el ejemplo". Y yo agregué: "y no seguir el mal ejemplo de otro".

El ejemplo no es la mejor forma de enseñar, es la única.

Al poco tiempo, fueron las palabras de Rafa las que empezaron a retumbar en mi mente, su voz me decía: "Debes ser el número uno".

Y yo me preguntaba en qué podría serlo, además del rendimiento académico (afortunadamente siempre estaba entre los primeros). Decidí retomar mi habilidad de convencer a los demás a través de mis palabras.

Me di cuenta de que mi talento funcionaba muy bien con las conquistas. Pero, así como yo, en el salón había un buen grupo de muchachos que lo hacían igual o mejor. Entonces *se me prendió el bombillo* y me dije: "¿qué tal si nos agrupamos?"

Si encuentras alguien que lo hace mejor que tú contrátalo.

De allí surge lo que podría llamarse mi primera organización Los Cursis, dedicada a reunir las mejores prácticas para conquistar a las chicas. Así conocí a Joel Pino, quien se convertiría unos veinte años después en mi primer diseñador gráfico. Joel Pino fue el creador del logo de *Los Cursis*, de Cones Group y hasta de la marca Luis Cones.

Si alguien lo hizo bien una vez, para qué inventar con otro.

Nuestra agrupación dejó su marca en grafitis en algunas calles y en los cuadernos de muchos compañeros. Esta experiencia me permitió darme cuenta de que para que las organizaciones trasciendan además de un fin común y una identidad de marca, se debe ser muy disciplinado, algo que en ese momento no manejaba muy bien. Pero ninguna experiencia es demasiado mala como para desaprovecharla.

Casi cinco años después, me tocó conducir el Centro de Estudiantes de la Universidad. Vale la pena contar cómo pude estudiar en una de las casas de estudios más prestigiosas de Caracas: la Universidad Metropolitana (UNIMET).

Después de graduarse, mi padre llegó a ocupar cargos importantes en empresas de manufactura, laboratorios y petroleras. Pero el dinero no le alcanzaba para pagar la deuda del apartamento que junto a mi mamá había comprado para poder salir del cuarto donde vivíamos, pagar por mi educación y la de mis hermanos.

Y por primera vez escuché una negativa de un hombre tan positivo como mi papá: "No presentes en esa universidad porque no tengo como pagártela".

Sin embargo, mi mamá me dijo: "Tranquilo hijo, el dinero no es un obstáculo para lo que tú quieras alcanzar en la vida".

Y eso pareciera que fue la chispa que encendió mi motivación para buscar opciones y no quedarme sin estudiar. En esa búsqueda, además de empleos medio tiempo, que igual no me iban a cubrir la matrícula, contacté a la Fundación Gran Mariscal de Ayacucho, una institución dedicada a otorgar becas. Para aspirar a esta ayuda tenía que destacar entre los mejores estudiantes de bachillerato y obtener la mayor puntuación posible en una de las pruebas de aptitud académica más difíciles del país.

Afortunadamente, cumplía con el primer requisito. Para la prueba tenía que prepararme extremadamente bien. Me encerré en mi cuarto a estudiar por casi cuatro semanas, descansé muy bien la noche anterior y el día de la prueba me encomendé al poder divino.

El milagro llegó. Y trajo consigo un gran respiro para Rafa.

El dinero no es un obstáculo para lo que quieras alcanzar en la vida

Así fue como llegué a la UNIMET, un lugar lleno de gente diferente que conocía el mundo y que tenía sueños que se escapaban de mis parámetros sociales.

A los seis años, mi tío Carlos, me llevó a desayunar a casa de un amigo. Me sorprendió la gran casa y la decena de autos. Tenía jardineros, cocineros, choferes y señoras de servicio. Al sentarme en la mesa, encontré muchos cubiertos y platos. Vengo de un hogar donde todavía se come pescado y arepa con las manos. Al principio me sentí intimidado, pero entonces escuché una voz en mi interior que me dijo: "No hagas nada hasta que los demás lo hagan". Tuvo que ser Dios, porque al imitar a los demás estaba a la altura de la situación. No podía imaginar en ese momento que muchos años después descubriría, en las ventas, el nombre técnico de esa estrategia: *Seniority*.

Si no sabes cómo actuar, no hagas nada hasta que los conocedores lo hagan.

El *Seniority* consiste en hacerle sentir al cliente que estás a su nivel sociocultural, independientemente de las diferencias económicas, profesionales o sociales que puedan tener. Cuando las diferencias son muy notorias, la manera de ponerlo en práctica es a través de la observación. Esto nos permite percibir la forma de expresión del otro, patrones de conductas y esquemas sociales que son necesarios emular para ser aceptados en su mundo. Esto no implica perder tu esencia. Se trata más bien de aplicar el principio psicológico: nos gustan las personas que se parecen a nosotros.

Seniority no se aplica solamente para estar a la altura de tus clientes de mayor nivel, funciona también hacia abajo. El secreto en las ventas es seducir a todos por igual. Por eso es necesario conocer el lenguaje de la calle. Esto te permitirá relacionarte con personas de un nivel socioeconómico menor, pero que influyen en las decisiones de compra.

Hay clientes que antes de comprar consultan con los que parecieran menos indicados para sustentar su decisión. Vigilantes, mensajeros y recepcionistas a veces deciden las compras. También se da el caso de clientes de orígenes muy humildes que no le agradan los vendedores que intentan ser superiores a él.

El Seniority es hacia arriba y hacia abajo.

Quién iba a pensar que esa forma de comportarme cuando tenía seis años, me iba a permitir desenvolverme en la Universidad como *pez en el agua* en un ambiente donde la banalidad, la soberbia y la petulancia estaban a la orden del día. Claro, también estaba rodeado de seres extraordinarios, algunos de ellos con condiciones socioeconómicas inferiores a las mías.

Esta cercanía con gente de todos los niveles me ayudó a ganar la presidencia del Centro de Estudiantes con un apoyo de más del 70% del estudiantado, una cifra récord en la UNIMET.

En ese momento me encontraba en la dirección de una organización mucho más grande e importante que Los Cursis de bachillerato y con una gran responsabilidad. Tenía que relacionarme con las autoridades de la universidad y ser la voz del estudiantado en los Comités de profesores. Afortunadamente, otra vez, aparecieron las palabras de Leida: "Da el ejemplo".

Aunque en muchas ocasiones no di el mejor ejemplo.

Pero sí puedo decir que siempre mi intención, y la de nuestro equipo, fue dejar huella. Creo que lo logramos. Todavía se habla del viaje que organizamos a la Represa Hidroeléctrica del Guri, una visita de lujo para cualquier estudiante de Ingeniería Eléctrica.

En esta oportunidad además, de gerenciar gente, también manejábamos presupuesto, lo cual elevaba el nivel de responsabilidad. Tenía además el compromiso con mis estudios de ingeniería, preparadurías y clases particulares. Fue un gran desafío que, gracias al equipo, pudimos culminar satisfactoriamente.

Motivar al equipo es agotador pero satisfactorio.

Durante esos días, me sentía tan abrumado que me pregunté: ¿Los líderes no necesitan motivación? ¿Quién motiva al líder? Y créanme que en *menos de lo que canta un gallo* esa motivación llegó. Mientras me encontraba a mitad de la carrera universitaria, me enteré de la mágica (más bien trágica en aquel momento) noticia de que había metido un autogol, pero no precisamente jugando fútbol. Estaba embarazado a los veinte años, bueno mi novia de aquel momento estaba embarazada. Gracias a Dios que la *metida de pata* fue con ella y no con otra, porque no sé qué sería de mi primer motor: mi hijo Luijo, si Jhosmarni Martínez no hubiese sido su mamá.

Este episodio se convirtió rápidamente en mi motivación. Él no nació a los nueve meses como correspondía, sino que se adelantó un mes. Lo que trajo consigo algunas complicaciones que obligaron a

Luijo a estar veintiún días en terapia intensiva. Entre los meses que estuvimos ocultando el embarazo, el adelanto de su nacimiento y su tema de salud, casi que no tuvimos tiempo para celebrar su llegada.

Mi mamá siempre me recuerda cuando estuve sentado en el piso de granito pulido del Hospital J.M. de los Ríos en Caracas, con el banco de cemento como escritorio para corregir los exámenes de la preparaduría de Física.

Cómo no tener una razón para estar motivado y seguir adelante. Gracias a Dios hoy Luijo goza de salud plena y no tiene ninguna secuela. En aquellos días nos paseábamos por la posibilidad de reducir su intestino delgado en un 70%, debido a una bacteria que se le había alojado en su pequeño estómago, después de romper el saco amniótico.

A veces lo mágico parece trágico al principio.

El paso por la Universidad Metropolitana, además de redescubrir el *Seniority* y de aprender a manejar presupuestos, me ayudó a encontrar un *para qué de vida*.

Ese *para qué de vida* necesitaba comer, ir al médico y usar pañales. Te podrás imaginar lo duro que es venir de un hogar donde nos costaba mantenernos a nosotros cinco (mis papás, mis hermanos y yo) para pensar en un sexto integrante y tal vez, en un séptimo, si la familia de Jhosmarni nos hubiese obligado a casarnos.

Como siempre, al inocente lo salva Dios, porque resulta que antes de saber que iba a tener un hijo, estaba muy enfocado en subir el índice académico a casi cuatro puntos sobre cinco, después de varios semestres de bajo rendimiento. Y con todo y la concentración que tenía en estudiar y salir adelante, hubo una asignatura llamada Electrónica II, pilar fundamental de la Ingeniería Eléctrica, que se convirtió en un hueso duro de roer. Poder aprobarla la primera vez era el gran desafío, sobre todo porque en la sección se encontraban personas que la estaban cursando hasta por quinta vez.

Al inocente lo salva Dios.

Electrónica II no era imposible, pero requería un nivel de abstracción tal que permitiera imaginar los flujos de corriente y las diferencias de potencial en los circuitos llenos de microprocesadores, diodos y resistencias. Algo súper complejo, considerando que la electricidad no se ve, pero sí se siente. Hay niños, incluso adultos, que no han podido contar sus encuentros con la electricidad porque, por descuido o desconocimiento, han introducido sus dedos en una toma de corriente. Esa es la mejor prueba de que la corriente es letal aún cuando no se ve.

Tal vez ese respeto que le tomé a la electricidad desde niño, el reunirme con la gente correcta en la universidad y el desayunar sardina en lata, mientras cursaba la materia, que era lo mismo que comía el profesor, fue lo que me permitió pasarla de una vez, y convertirme en preparador de una de las asignaturas más difíciles de la carrera.

Lo que al principio era un reto personal, se convirtió en una fuente de ingreso para mantener a Luijo. Lo mejor de todo fue que me abrió las puertas para dictar clases particulares, que sí daban muy *buena plata*. Es más, mi primer salario como ingeniero electricista era apenas la tercera parte de lo que ganaba dando clases particulares.

Ahora, se preguntarán por qué estudié ingeniería y no, por ejemplo, administración o mercadotecnia, carreras aparentemente más cercanas a un vendedor. Esto lo sabrás cuando hablemos del *ingeniero vendedor*.

La carrera no te etiqueta, te define.

Luego de graduarme, trabajé como ingeniero júnior en una consultora de ingeniería, me asignaron el cargo de *Team Leader*. Tenía bajo mi mando a un ingeniero, dos técnicos electricistas y dos ayudantes, todos con mucha más experiencia que yo. Me enfrenté a un nuevo problema: la discriminación por mi edad y tener poca experiencia. Mi equipo creía que no debía liderarlos. Si no lograba su aceptación no iban a hacer el trabajo y la responsabilidad recaería sobre mí.

Nuevamente apelé a mi capacidad de convencer. Esta vez no eran suficientes las palabras motivadoras, necesitaba más. El personal a mi cargo eran mayores que yo. Para conectarme con ellos tenía que meterme en su piel, conocer sus familias, sueños y necesidades, entre tantas otras cosas. Este acercamiento me hizo tener consciencia de lo que luego llamé *Pielpatía*.

La *Pielpatía*, a la que dedico un segmento luego, es necesaria para establecer vínculos emocionales, permite vender ideas y, por supuesto, cualquier producto o servicio.

La empatía no es suficiente para conectar con la gente hace falta Pielpatía.

La *Pielpatía* permitió ganarme el respeto, la confianza y hasta la protección de mi equipo. Después de tener el control del equipo, descubrí que lo que hacía ya no me quitaba el sueño. La piel no se me erizaba cuando estaba en frente de un nuevo proyecto. Necesitaba algo que me hiciera levantar de la cama sin despertador.

Si no sientes amor por lo que haces ¿para qué lo haces?

Meses más tarde, *Gevenmed* -distribuidor exclusivo de equipos médicos de General Electric- me contactó para decirme que estaban interesados en mi perfil. Me vestí con la mejor *pinta* y al ver las instalaciones me dije: "Esto es lo mío, de aquí nadie me saca".

Como decretó mi abuelo, unos veinte años atrás, iba a ser vendedor. Me di cuenta en la entrevista de que no reunía todos los requisitos para el cargo de asistente de ventas. Tuve que apelar a mis recursos de persuasión y fui seleccionado.

En la vida hay peajes que hay que pagar para llegar a tu destino.

Este trabajo prometía mayores ingresos, en su mayoría producto de las comisiones de las ventas que apoyaba. Lo más importante, a largo plazo, fue que me permitió aplicar y desarrollar la *Pielpatía*, prestaba más atención al roce, al tipo de clientes, a las aspiraciones de la gente y a las ambiciones de los vendedores. Nuevamente me sentía a gusto con lo que hacía, la sensación era indescriptible, llamadas telefónicas, viajes, carpetas corporativas, *gadgets*, en fin, para mí era como Disneylandia.

El detalle era que se trataba de un producto difícil de vender: sistemas de digitalización de imágenes médicas, algo muy sofisticado, que aunque mejoraba considerablemente el servicio, no era notado por los clientes. Para poder venderlos, más que convencer, había que hacer un ejercicio financiero y técnico, algo difícil para los vendedores tradicionales.

El cargo era un experimento. Los que me antecedieron no habían alcanzado los resultados esperados. Muchos de los vendedores no se motivaban a vender algo tan complejo y con un ciclo de venta tan largo. Sin embargo, *Gevenmed* apostó a mi juventud, ímpetu y mis ganas de comerme el mundo.

Aprende a hacer algo que solo sepas hacer tú.

Durante un año recorrí Venezuela, viajé lo que no había viajado en mi vida. Estaba fuera de Caracas tres días a la semana conociendo gente, acompañaba a vendedores, hacía presentaciones, me reunía con clientes y, por supuesto, conocí aeropuertos, restaurantes, hoteles y culturas distintas. Eso, era lo que más disfrutaba de mi trabajo en ese momento.

Los edificios sin base sólida posiblemente no se derrumben, pero siempre tambalean.

Pero no todo era color de rosas. Al cabo de un año, mis jefes me llamaron. Al entrar a la oficina uno de ellos dijo la frase "Cierra la puerta". Yo pensé: "Nada, aquí fue, me botaron". No había vendido nada y cuando digo nada es ¡nada!

Un par de días antes había escrito un informe titulado *Sembrando las semillas del futuro*. Entre palabras más, palabras menos argumenté que a pesar de que no se lograron los resultados en mi línea de productos, se hizo una buena siembra: incremento de la cartera de clientes en 300%, crecimiento del 500% en las oportunidades de negocio y difusión de la información a casi el 100% de los clientes. Lo envié por correo electrónico a las personas clave de la empresa en Estados Unidos, Brasil y Venezuela.

En toda crisis siempre hay una oportunidad.

Una vez sentados, mis jefes empezaron por lo peor: "Este año no has vendido nada y ya sabes qué pasa cuando no se vende".

Independientemente de que no era propiamente vendedor, estaba claro en mi contrato que si no vendía estaba fuera. Asentí con la cabeza y me tragué todas las justificaciones. Esta fue una enseñanza de Rafa que no había puesto en práctica hasta ese momento: "Luis Manuel, no se justifique".

De manera sorprendente, uno de ellos dijo: "Pero..."

Normalmente los peros son negativos, sin embargo este olía a gloria: "No podemos negar que te has vendido, muy bien. Hiciste lo que los otros vendedores no hicieron".

En ese momento mi mente se nubló y dejé de escuchar. Al volver a retomar el hilo escuché: "El correo electrónico fue un atrevimiento, pero debemos reconocer que eso hizo que la gente comenzara a preguntar por ti. Bajo esas circunstancias, consideramos que te debemos dar una segunda oportunidad, ahora como vendedor".

Imagínense mi sorpresa y alegría, tenía ganas de gritar. Estaba por decir algo como: "¡Gracias, seguiré trabajando en el proyecto, creo en él y estoy seguro de que el próximo año será mejor!" Menos mal que no dije nada y solo asentí bajando la cabeza. Tal vez si hubiera cometido esa imprudencia quedaría fuera de lo que mis jefes me tenían preparado, nada más y nada menos que formar parte de la élite de vendedores.

Siempre hay un oasis en el disierto.

Al salir tomé conciencia de lo importante que fue el momento. Vino a mi mente mi abuelo. Ese día se materializaron sus palabras, aunque durante mucho tiempo yo era, sin saberlo, un vendedor.

Esta nueva responsabilidad fue el inicio del fin de mis problemas económicos. Pude comprar mi primer auto.

Al cabo de cinco meses, me llamaron de una de las empresas transnacionales más importantes del mundo: *Siemens*, para ofrecerme trabajo como *Account Manager*, cargo que me permitió entrar a las grandes ligas de las ventas.

Durante el largo proceso de evaluación, recordaba sin cesar las palabras de Rafa: "Si quieres algo, desayuna, trabaja, duerme, come y dúchate con ese algo. Verás que, en lo que menos esperas, llegará".

Y llegó.

¿Qué hubiese pasado si rechazaba ser vendedor y antes asistente de ventas en la Distribuidora de Equipos Médicos y *Team Leader* en la

Consultora de Ingeniería? ¿Cuál hubiera sido mi destino de no haber participado en las elecciones del Centro de Estudiantes? ¿Qué sería de mí sin *Los Cursis* de bachillerato y si no hubiese acompañado a mi abuelo al conuco y vendido las auyamas? Por eso el nombre del siguiente capítulo es descubre el vendedor que llevas dentro.

El rompecabezas del futuro tiene sus piezas en el pasado.

Capítulo II
Descubre al vendedor que llevas dentro

Los logros llegan única y exclusivamente cuando realmente estamos preparados. Así ocurrió cuando ascendí en *Siemens* a las *grandes ligas* de las ventas. Aunque mi preparación se dio de manera espontánea, sin que yo la controlara, me dije: "El desafío ahora es trazarme metas, prepararme conscientemente, disfrutar el camino y actuar para lograr todo lo que me proponga".

¿Qué sentido tiene andar sin rumbo por la vida esperando que las cosas se den solas? Tampoco se trata de vivir en el extremo del control absoluto, porque corremos el peligro de deshumanizarnos y perder nuestra naturaleza.

Traza tus metas, prepárate, disfruta el camino, sé consecuente y logra.

Trazarse metas y cumplirlas no es una tarea sencilla. Suele pasar que el exceso de optimismo las hace inalcanzables. Por otro lado, las que son poco desafiantes no explotan el máximo potencial de cada quien.

Algunos autores piensan que el primer paso para alcanzar las metas es conocer las debilidades personales y convertirlas en fortalezas. Otros creen que deben ser definidas a partir de las fortalezas individuales. Según mi criterio estas perspectivas anulan por completo a los profesionales que se gradúan en un área y se dedican a otra. Para mí el punto de partida son las metas y no las fortalezas o debilidades.

La mejor forma que he encontrado, hasta ahora, para materializar grandes metas es La Técnica de la Carne Mechada, de Alejandro Szilágyi:

"Secciona tu meta en pequeños pedazos, como si estuvieses desmenuzando carne. Esos pedazos o minimetas son acciones específicas que se pueden ejecutar de manera más fácil y a corto plazo. Estas te mantendrán con la motivación al máximo para alcanzar tu gran meta, paso a paso".

Desde mi óptica las *minimetas* deberían cumplir estos cinco requisitos:

- Sencillas: no tiene sentido fijarse *minimetas* demasiado complejas que después no se puedan ejecutar.
- Medibles: lo que no se mide no se puede evaluar, ni mucho menos identificar cuánto falta para lograrlo.
- Aceptables: deben tener un balance entre desafío y realidad.
- Realistas: a pesar de que los sueños no deberían tener límites, las metas sí.
- Con un tiempo determinado: debe fijarse un tiempo de inicio, ejecución y culminación.

Supongamos que te propones lo siguiente:

Gran meta: ser la vendedora o vendedor número uno de tu empresa.

Tus *minimetas* deben ser aquellos pedazos que puedas desmenuzar de la gran meta. Para ser la vendedora o vendedor número uno, por ejemplo, debes levantarte temprano, llegar a tiempo a la oficina y así aprovechar la mañana. Para que esta sea una *minimeta* debe reunir los cinco requisitos enunciados anteriormente. Es más, antes de afirmar que mi *minimeta* es levantarme temprano, iría a la raíz para encontrar el porqué no me puedo levantar temprano. Entonces, quedaría así:

- *Minimeta* 1: acostarme a dormir a más tardar a las 10 p.m., para poder levantarme a las 5 a.m. sin problemas.

Para completar la idea, propongo otras *minimetas*:

- *Minimeta* 2: ducharme, vestirme y arreglarme en un máximo de 30 minutos.
- *Minimeta* 3: al llegar a la oficina, dedicarme solo a lo que sea urgente e importante.

Así sucesivamente podríamos sumar *minimetas* que nos acercarán, progresivamente, a nuestra gran meta: ser la vendedora o vendedor número uno de la empresa.

Las minimetas te acercan a la gran meta.

En una oportunidad, mientras exponía la Técnica de la Carne Mechada en un curso de profesionalización de vendedores, uno de los participantes levantaba la mano con mucha insistencia. Mientras terminaba mi exposición hacía señas con la cabeza y lo veía fijamente con una sonrisa, indicándole que me dejara terminar. Pero fue tan insistente que tuve que cortar la exposición y darle la palabra, en ese mismo instante, se puso de pie y comentó frente a cientos de participantes: "Esto de la carne mechada me recuerda a las minis vacaciones que nos tomábamos con mi papá. Su trabajo casi nunca le permitió tomarse más de tres días libres consecutivos, pero los fines de semana eran nuestros días para vacacionar. Fueron muy pocas las vacaciones largas, pero muchas las cortas".

Este comentario me hizo darme cuenta de que esta técnica iba más allá de las metas, sueños y aspiraciones. Me enseñó que puede ser llevada a muchas situaciones de la vida.

Te invito a comenzar a poner en práctica la Técnica de la Carne Mechada, y completes la siguiente tabla. Redacta tu gran meta y define al menos diez *minimetas*.

GRAN META

MINI METAS

1	
2	
3	
4	
5	
6	
7	
8	
9	
10	

Si llegaste a este punto sin llenar la tabla es porque tus metas están muy claras. En ese caso, te invito a que hagas conmigo el siguiente ejercicio para verificar si efectivamente estás trabajando en pro de alcanzarlas.

- Escribe en una hoja tus metas anuales.
- Voltea la hoja y describe todas las actividades que realizas en un día común, con su hora respectiva. Mientras más específicas mucho mejor. Incluye detalles como: 5:00 a.m. me desperté, 5:05 a.m. me levanté de la cama, 5:06 a.m. me lavé los dientes, 5:10 a.m. me duché, 7:30 a.m. llegué a la oficina, 7:40 a.m. revisé los correos, y así sucesivamente con todas las actividades laborales y no laborales que realices durante el día, hasta que te vayas a la cama a dormir.

- Vuelve a dar vuelta a la hoja y confirma si las metas anuales están correctas.
- Ahora revisa detalladamente las actividades diarias y señala con una marca solo aquellas que te ayudan a cumplir tus metas.
- Evalúa las que no están marcadas para reemplazarlas o dejarlas de hacer. Si se trata de cosas muy importantes, solo tienes que ser consciente de que ellas no están agregando valor a la consecución de tus metas.

Si de lo que haces a diario solo el 30% o menos contribuye con tus metas, te invito a replantear tus actividades diarias aplicando la Técnica de la Carne Mechada.

Las metas son la guía de tu éxito.

Luego de tener claras las metas nos toca prepararnos conscientemente hacia el logro. Ahora quiero invitarte a que descubras el vendedor que llevas dentro de ti, mediante un viaje fugaz por tu vida.

Todo comienza en la carrera de espermatozoides. En esta competencia participan más de doscientos millones por la fecundación de un óvulo y solo uno es el ganador. Ese eres tú. Incluso antes de haber nacido ya trabajaste en un mercado de más de doscientos millones de competidores, a los cuales ganaste.

Para ser vendedor debes ser un campeón.

Ahora veamos cuando estábamos muy pequeñitos. Mi hija Victoria, por ejemplo, cuando tenía menos de un año ¿qué crees que hacía cuando no se comía toda la sopa pero veía una golosina? Sí, exactamente, llorar, llorar y llorar como si se hubiese golpeado. Para mí no se trata solamente de un mecanismo de comunicación. Es una forma de venderse. Los niños descubren muy temprano que sus seres queridos reaccionan de inmediato cuando lloran. Aprenden, desde muy pequeños, a negociar el parar el llanto a cambio de alguna chupeta, chocolate o juguete.

La comunicación cuando es efectiva se convierte en una venta segura.

Los niños de hoy en día tienen, a su corta edad, acceso a la información, a la dinámica del mercado y la innovación tecnológica, de modo que se hacen expertos en temas que antiguamente eran de difícil acceso. Cuando mi segunda hija, Ivanna, tenía casi tres años, dijo en un almuerzo de trabajo que tenía en casa: "Atención, atención, no hablen de eso".

De inmediato todos nos vimos las caras preguntándonos si habíamos dicho algo indebido. Aunque no estábamos hablando exactamente de trabajo, no habíamos dicho nada inapropiado para una niña. Después de un ligero silencio, dijo: "Aquí solo se puede hablar de las conferencias".

Entre risas nos preguntábamos cómo era posible que Ivanna, de casi tres años, esté tan clara de lo que hay que hacer en la empresa. Sin dejar de reír seguimos conversando, ahora sí de temas de trabajo.

Eso que puede ser tomado simplemente como una ocurrencia, para mí representó un ejemplo del proceso de ventas. Ella estaba buscando hacernos saber que conoce de la materia.

Lo que no se exhibe no se vende.

Cuando llegamos a la adolescencia y queremos conquistar a una chica tenemos que aplicar técnicas de ventas para ser aceptados por quien pretendemos conquistar. En Venezuela es común escuchar que para ser un galán hay que tener *"tremenda labia"*, ser una especie de encantador de serpientes. Aunque he podido comprobar que para tener éxito en este campo, más que ser buenos conversadores, hay que ser buenos escuchadores.

En el colegio tenía un amigo que, aunque no tenía apariencia física de actor de cine, era considerado un galán por haber tenido muchas conquistas. Un día le pregunté: "Chamo, ¿cómo haces para controlarte a las chamas?"

Su respuesta no la pude comprender en ese momento: "Luis, lo único que yo hago es escucharlas".

Después de muchos años de investigación, en ventas y relaciones humanas, me di cuenta de la gran verdad que dijo mi amigo. Hoy para mí escuchar antes de actuar es una ley.

Existe también una creencia que dice que si no tienes el aspecto físico de modelo de ropa interior, la única posibilidad que te queda es tener dinero. Como dicen por ahí *chequera mata galán*. Si fuese así, no veríamos parejas disparejas en diferentes contextos: socioeconómico, racial y cultural. Por eso creo que vendedor mata galán.

Vendedor mata galán.

Estos ejemplos, así como muchos otros -defender un proyecto de tesis, obtener un ascenso, poner de acuerdo a la junta de condominio y conseguir inversionistas para tu emprendimiento ratifican que nacimos siendo vendedores y nunca hemos dejado de serlo.

Todos somos vendedores.

Todos somos vendedores, ahora el desafío es ser vendedores de manera consciente. Antes vamos a descubrir un poco más de ese vendedor con tres preguntas que te ayudaré a responder:

¿QUÉ ES VENDER?

Al cabo de un par de años, mientras me encontraba trabajando en *Siemens*, pude comprender con muchos cursos de capacitación, pero sobre todo con la experiencia de calle, lo que realmente era vender. Comencemos con una definición técnica.

Según la academia alemana Gustav Käser, vender es el arte de inducir a otros a tomar una acción, sin que ellos se sientan inducidos.

Para mí es una de las mejores definiciones que he encontrado. En contraste, veamos lo que dice el Diccionario de la Real Academia Española (DRAE).

1) tr. Traspasar a alguien por el precio convenido la propiedad de lo que se posee.
2) tr. Exponer u ofrecer al público los géneros o mercancías para quien las quiera comprar.
3) tr. Sacrificar al interés algo que no tiene valor material. *Vender la honra, la justicia.*
4) tr. Dicho de una persona: Faltar uno a la fe, confianza o amistad que debe a otra.
5) tr. Hacer aparecer o presentar algo o a alguien de una manera hábil y persuasiva. *Vendía bien su imagen.*
6) intr. Dicho de una persona, de una idea, de una conducta y, especialmente, de un producto comercial: Conseguir mayor o menor éxito de ventas o alcanzar aceptación social. *La novela histórica vende mucho últimamente.*
7) prnl. Dejarse sobornar.
8) prnl. Ofrecerse a todo riesgo y costa en favor de alguien, aun exponiendo su libertad.
9) prnl. Dicho de una persona: Decir o hacer inadvertidamente algo que descubre lo que quiere tener oculto.
10) prnl. Dicho de una persona: Atribuirse condición o calidad que no tiene.

Como habrán notado, más de la mitad de las definiciones ve a las ventas como una actividad negativa o perversa. Esto se debe a que, lamentablemente, algunos colegas han hecho muy mal trabajo, haciendo pensar a los clientes que todos tenemos algún tipo de actividad negativa o perversa. Afortunadamente, esta realidad ha cambiado últimamente. Hoy, gracias a la honestidad, responsabilidad y espíritu de colaboración de muchos vendedores, me atrevo a decir que vender es el arte de hacer felices a los demás, haciéndonos felices a nosotros.

Vender es el arte de hacer felices a los demás, haciéndonos felices a nosotros.

A pesar de que esta definición suena un poco romántica, en el fondo sabemos que si nuestro producto o servicio no otorga felicidad, bienestar y prosperidad a los clientes, difícilmente lo volverán a comprar, lo peor es que además esa molestia puede traer una referencia negativa, de esas que nadie quiere en el mundo de las ventas.

Por otro lado, ¿qué pasa en una relación de pareja cuando solo uno es el que ama? Tarde o temprano se acabará ¿verdad? Así es en los negocios, cuando el cliente es el único que sale favorecido de una venta, ningún vendedor querrá atenderlo. Para mí eso de que *el "cliente siempre tiene la razón,* pasó de moda, en lo que sí creo es que el cliente es nuestra razón de ser.

El cliente es nuestra razón de ser.

Es por eso que debemos trabajar en pro de satisfacer sus necesidades y las nuestras, haciendo que ambos -cliente y vendedor- salgamos beneficiados y ninguno de los dos perjudicados. Con esto último me refiero a que en las negociaciones donde existe un riesgo implícito, lo ideal es que el riesgo se pueda compartir. Un ejemplo es lo que hacen las constructoras de viviendas, cuando venden los inmuebles en preventa, o en plano, el cliente se beneficia de un buen precio y algunas condiciones de financiamiento, por el hecho de que aún no hay nada o muy poco construido. Siempre habrá el riesgo de que no se termine la obra, pero una vez terminada se elevará el valor de los inmuebles de manera exponencial.

Estas son las razones por las cuales, según mi criterio, vender consiste en ser felices y hacer felices a los demás.

Antes de brindar felicidad a seres queridos, amigos y clientes, debemos ser personas felices, o al menos tener muchos momentos de felicidad. Por eso debemos encontrar la razón de ser. Esa es la siguiente pregunta que debemos hacerle al vendedor que habita dentro de ti.

¿CUÁL ES TU RAZÓN DE SER?

Quisiera retomar mi experiencia en la fría arena de Playa Pantaleta en La Guaira, que describí en el prefacio.

El olor a sal y bronceador hizo que las olas dejaran de tener protagonismo. Una de mis fosas nasales se llenaba más de aire que otra, era un sonido que no recordaba y que me hizo suspirar. Estaba en el primer momento trascendental de mi vida profesional.

Comencé a sentir que el frío de la arena ya no molestaba, a pesar de los pantalones de gabardina azul marino que cada vez se humedecían más.

Encuentra tu lugar de desconexión.

Me pregunté ¿por qué soy vendedor? No entendía por qué me estaba haciendo esa pregunta y como se estaba haciendo tarde, decidí regresar a casa y dejarla pasar.

Mucho tengo que agradecer a esos instantes de meditación. La respuesta a esa pregunta demoró alrededor de tres años en aparecer y me permitió encontrar mi razón de ser.

Meditar es escuchar al alma.

Mucha gente piensa que la razón de ser del vendedor es simplemente vender. Si eso fuese así no tendríamos ningún comportamiento destacado, ni sobresaliente, en las organizaciones de ventas.

Encuentra tu porqué.

Uno de los productos que considero ha tenido más claro su porqué de venta ha sido *Uber*, la red de transporte privada más grande del mundo que no tiene vehículos en sus activos. La empresa entendió que más allá de brindar un sistema de transporte exclusivo debía ofrecer a sus asociados, o *drivers,* un modelo de negocio aspiracional lo suficientemente atractivo para que asumieran el costo de mantenimiento y depreciación de los vehículos.

Quién iba a pensar que el corazón de una empresa de transporte estaría en una aplicación móvil y no en los vehículos. Eso es tener claro el porqué.

La creatividad simplemente consiste en conectar cosas.

Simón Sinek en su libro *La clave es el porqué* se dedicó a estudiar cómo encontrar el porqué. El autor expone que la mayoría de las personas y empresas se concentran primero en el *qué*. Se preguntan ¿qué quiero? Por ejemplo, en el sector comercial muchos responderían ganar dinero. La segunda pregunta que suelen hacerse es *cómo*, siguiendo el ejemplo ¿cómo gano dinero? Unos dirían que ofreciendo un gran negocio o proyecto o ganándose la lotería, o dejando todo al azar o al destino. Sinek afirma que pocas personas se preguntan el porqué.

Sinek nos invita a definir primero el porqué, la causa, y lo que verdaderamente buscamos, para luego poder definir el qué y el cómo. A partir del porqué indagar acerca del cómo, que significa el proceso y las acciones específicas para alcanzar el porqué. Y finalmente llegar al qué.

Gracias a Sinek pude concluir por qué soy vendedor ¿Y tú? ¿Ya tienes claro tu porqué? Del *cómo* no te preocupes, lo descubriremos a lo largo de este libro. El *qué* será el triunfo en tu área como consecuencia de ser vendedor.

Luego de responder el porqué, y nuestra razón de ser como vendedores, revisemos la tercera pregunta,

¿QUÉ VENDES?

Para mí esta es la pregunta más importante de todas. Responderla, a mi juicio, te hará trascender con tus clientes, seres queridos y amigos. Muchos vendedores se hacen expertos vendiendo sus productos, a tal punto de que son capaces de vender a cualquiera algo que verdaderamente no necesita. Si crees que esa es una correcta definición de vender vuelve unas páginas atrás a la pregunta 1, sino, continúa conmigo.

Vender no es crear necesidad, es atender la necesidad.

Más que saber cómo vender productos y servicios, lo más importante es el enganche que generamos en los clientes. Eso va más allá del producto como tal. Lo voy a demostrar con dos ejemplos de empresas, que por tener claro lo que realmente venden se han convertido en líderes en su área.

Hace unos años mi tío Robert dijo en una cena familiar: "Voy a comprar un McDonald's".

Ese día aprendí algo que me marcó muchísimo en materia de negocios. Sin duda, es el ejemplo perfecto para ayudarte a responder qué vendes.

Los negocios no son lo que parecen.

El negocio de McDonald's no es la venta de hamburguesas ni de papitas fritas, mucho menos de helados. Es *Real Estate* o bienes raíces. La clave está en la escogencia del lugar donde se coloca el restaurante. Con esto logran crear un punto muy concurrido de personas que con el tiempo terminará incrementando el valor del terreno y, por ende, revalorizando la propiedad. Al cabo de unos años la venden y obtienen sus mayores ganancias. ¿Qué caraqueño que vivió los años noventa no recuerda el McDonald's de El Rosal, ahora un complejo financiero y de oficinas?

Otro ejemplo es el caso de algunas cadenas mundiales de mayoreo de alimentos. A pesar de tener como negocio aparente la venta de alimentos al mayor, para hoteles, restaurantes y supermercados, se trata, en el fondo, de un negocio netamente financiero. Los proveedores de estas cadenas, luego de pasar por un proceso de selección exhaustivo de sus mercancías, deben colocar -en la mayoría de los casos- a consignación sus productos en los anaqueles y vitrinas de las mega tiendas.

La responsabilidad del inventario queda a manos del proveedor y no de la cadena. Incluso, los pagos a proveedores se realizan hasta tres meses después de vender al contado a los consumidores. Queda claro que su negocio principal no proviene de la reventa de los artículos. No compran la mercancía, pero tienen los anaqueles bien dotados, cobran al contado y pagan a crédito. Sin duda, todo un negocio financiero.

Lleva estos ejemplos a tu caso personal y pregúntate qué es lo que hace que los clientes compren una y otra vez. No creo que sea solo por conocer bien el producto, la empresa o el negocio. En mi caso, cuando trabajé en *Siemens* entendí que más que vender equipos médicos de alta tecnología, vendía tranquilidad a mis clientes. Tal vez no podía resolver todos sus problemas pero casi nunca dejé de contestar una llamada y de ayudarlos a alcanzar la tranquilidad. Estoy seguro de que gracias a eso logré vender más de cincuenta millones de dólares en menos de seis años.

Una vez respondidas las tres preguntas, ya conoces mejor a ese vendedor que nació y ha venido creciendo en ti, pero que tal vez abandonaste en algún momento de tu vida. El desafío ahora es hacer que ese vendedor -o sea, tú- venda conscientemente y no por carambola. Así que sigue leyendo, *ahora es que viene lo bueno.*

Capítulo III
Crea consciencia de vendedor

Una vez que se tienen las metas claras el siguiente paso es prepararse conscientemente para alcanzarlas. Así lograrás vender mucho más que productos y servicios. A partir de ahora venderás tu talento, un activo único, irrepetible e irremplazable que habita en ti.

En el capítulo anterior comenté lo importante que era para mí no dejar en las manos del destino mi vida como vendedor. Mi desafío era tomar el control, pero eso requiere disciplina, esfuerzo y a veces sacrificio.

Ningún sacrificio es en vano.

En un encuentro con clientes y vendedores, que *Siemens* realiza todos los años en la ciudad de Chicago, mis números de ventas eran el tema de conversación. En el primer año rompí récord al triplicar las ventas promedio de cualquier vendedor en Hispanoamérica. Me sentía flotando en una nube. Se había cumplido el deseo de Rafa de que fuese el número uno.

Conversaba con vendedores de varios países de habla hispana y con un par de clientes venezolanos. De pronto, el representante de una de las líneas de negocios más importantes de casa matriz en Alemania, se acercó a conocerme. Llegó con paso firme y zapatos negros brillantes, muy bien arreglado, con muchas canas, ojos azules claros y con una piel tan blanca que tenía tonos algo rojizos. La conversación en castellano y mi alegría momentánea se iban a terminar.

Lo mejor siempre es lo que pasa, así nos cueste entenderlo al principio.

Con la frente bien en alto y una respiración profunda, llené por completo mis pulmones y fui soltando poco a poco por la boca el aire, me sentía en cámara lenta. Me dije ¿qué hago? Viene a conocerme y no voy a poder mantener una conversación. ¡No puede ser!

Como también había otros clientes, pensé que su presencia obligaría a mantener la conversación en español. Pero para mi sorpresa, en cuestión de segundos, el idioma había cambiado. Lo peor había ocurrido, ya no tenía forma de comunicarme. Seguramente me iban a preguntar cómo había logrado estos números tan sorprendentes en mi región. Estaba contra la pared, no podía permitir que los presentes notaran que un vendedor referencia en Hispanoamérica no hablara inglés. Opté por el plan de retirada, busqué una excusa en el repertorio y encontré una que casi nunca falla: *Excuse me*, voy al baño.

Después de un buen rato en el baño, me eché agua en la cara y salí. Afortunadamente, en la deslumbrante sala, sonaba *blues*, había más de cien personas y pude incorporarme a otro grupo de habla hispana. Lo peor fue que entre la gente veía al grupo que había dejado, estaba intacto.

El problema no es no saber. El problema es no querer saber.

Sentía que había tirado a la basura una gran oportunidad. Casi no escuchaba lo que hablaban alrededor. Solo pensaba en cómo no iba a poder establecer una conversación con una persona tan influyente en la organización.

A partir de ese día, conciencié la importancia del inglés. Quería ascender en la empresa. Necesitaba venderme con mis superiores que en su mayoría no hablaban español. Más adelante contaré todo lo que tuve que hacer para aprender el nuevo idioma.

Pasar de un estado inconsciente a uno consciente es necesario para repetir las buenas prácticas, acciones y estrategias exitosas. Pero a veces se hace muy difícil lograrlo, dado que la rutina nos hace entrar en estado de comodidad, y nos lleva a decir cosas como: "El que me quiere me acepta tal y como soy". A pesar de que esta afirmación puede ser válida para recargar la autoestima, limita la mejora continua y el crecimiento personal. En mi caso, mis números hablaban por sí solos. Seguramente no me iban a sacar de la organización por no hablar inglés, pero no podía confiarme. Si en ese momento hubiese conocido, lo que más adelante llamé *Las Escaleras al Éxito*, la vida se me hubiese hecho mucho más fácil.

LAS ESCALERAS AL ÉXITO

Están compuestas de cuatro escalones sencillos y fáciles de aplicar para consolidar cualquier aprendizaje.

- Escalón 1: *Ni pendiente perro caliente.*

Uso este dicho venezolano para ilustrar situaciones en las que la ignorancia puede jugar a nuestro favor, lo que no se conoce no se puede extrañar. Pero debemos evitar el desconocimiento, ya que corremos el riesgo de pedernos de cosas útiles y necesarias.

Julián Contreras no lleva reloj en la muñeca, sus manos nunca han tenido el control remoto de un televisor ni el teclado de una computadora, sus oídos jamás han escuchado otra voz a través de un teléfono o por los parlantes de una radio, ni mucho menos tiene idea de lo que es internet. Su palafito (choza o casita indígena construida sobre el río) no cuenta con luz eléctrica directa. Su vida se resume en su mujer, sus seis hijos y su pequeño bote. Esta embarcación, además de ser el medio para saciar el hambre de su numerosa familia, es la cómplice de sus sueños y aspiraciones en las largas jornadas de pesca en la Laguna de Sinamaica.

Lo que no se conoce, no se puede extrañar.

Julián no tiene que ver su reloj a cada rato ni *setear* la alarma del teléfono o el encendido automático del televisor. Todos los días, a las 4:30 a.m., una secuencia de pequeñas olas golpean suavemente las bases del palafito, eso es suficiente para despertarlo.

Julián desconoce las ventajas de la televisión para enterarse de las noticias, de jugar a *Millonario* con los programas de concursos y de perder el sueño por el *streaming multimedia*. Lo más parecido a una fuente de información que tiene el oriundo de la Laguna de Sinamaica, son unos niños que navegan en una balsa improvisada vociferando, casa por casa, la actualidad diaria en titulares muy poco precisos y tergiversados. Su entretenimiento no consiste en estar *stalkeando* a sus amigos en internet, en estar revisando cada cinco minutos una cuenta de correo electrónico, ni mucho menos en andar contando sus aventuras a través de la publicación de fotos, de las historias, ni de las transmisiones en vivo en redes sociales. Su diversión consiste en jugar Dominó.

Las preocupaciones de Julián casi no existen. Pero su divorcio con la tecnología terminará jugando en su contra. Se dice que cuando llegaron las naves de Cristóbal Colón los aborígenes que se encontraban en estas costas se sorprendieron por las grandes embarcaciones, ya que no tenían ningún registro de una obra de ingeniería semejante.

Nunca podrás ver algo que no exista en tu mente.

En mi caso criarme en una familia de origen rural del oriente del país -donde un segundo idioma era completamente irrelevante- hizo que no aprendiera inglés hasta ese punto de mi carrera.

La ignorancia solo es buena cuando es intencional.

Si quieres evitar una emboscada como la de los aborígenes, o como yo con el inglés, no te quedes en él *Ni pendiente perro caliente*. A este estado también se le conoce como incompetencia inconsciente. Sube al siguiente escalón de Las Escaleras al Éxito.

- Escalón 2: *Pon tus barbas en remojo.*

Cuando las barbas de tu vecino veas pelar, pon las tuyas a remojar. Esto es escuchar a Pablo Corte, un amigo de la Universidad de descendencia portuguesa, con quien solía estudiar y jugar dominó, y que más tarde llegó a ser mi compañero de trabajo.

Un día, sentados en el negocio de su papá -una tasca con aires europeos situada en Caracas- me escuchó hablando por teléfono con alguien que quería tomar clases particulares de física. Cuando se enteró de cuánto cobraba por hora de clase se asombró a tal punto que me dijo: "Las buenas épocas no son para siempre". Eso lo dijo no solo porque lo que ganaba representaba mucho dinero para él, sino que, además, por venir de una familia de inmigrantes tenía claro que todo lo que sube tiene que bajar.

Entendí que todos esos ingresos, producto de dedicar mis fines de semana y horas libres a dictar clases particulares no podían ser despilfarrados en rumbas, distracción y viajes, sino que debía invertirlos en cosas productivas.

Todo lo que sube tiene que bajar.

En una ocasión le dijeron a Julián que había un aparato que le permitía ver en vivo los juegos de las Águilas del Zulia sin necesidad de ir al estadio. A partir de ese momento sus necesidades cambiaron.

Para él la televisión se convirtió en objeto de deseo, un trabajo que los vendedores debemos hacer con nuestros productos y servicios.

Convierte tus productos y servicios en objetos de deseo.

Ahora Julián sabe que existe algo que no tiene y que puede ser de gran utilidad para su vida. A esto, también se le conoce como *incompetencia consciente*. Algo parecido a lo que me pasó en Chicago. Allí me di cuenta de la importancia de saber inglés.

Aquellos que no se dedican a vender están atascados en el primer escalón *Ni pendiente perro caliente*, porque no están conscientes de las bondades de esta maravillosa profesión. Luego alguien le abre los ojos, les comenta acerca de los beneficios económicos, de administración del tiempo y de estatus, lo que les despierta las ganas de hacerse vendedores y los lleva de inmediato al presente escalón.

El tema entonces radica en cómo hacerse el mejor vendedor y no ser uno más del montón. Para ello es necesario prepararse conscientemente, materia del siguiente escalón.

- Escalón 3: *Lo que es del cura va para la iglesia.*

Muchos de mis compañeros de la universidad veían películas sin subtítulos en español, no le cambiaban el idioma a sus teléfonos celulares y cantaban al pie de la letra canciones de las bandas anglosajonas. Algunos habían tenido la oportunidad de realizar cursos de inglés dentro o fuera del país. Otros viajaban todos los años a los Estados Unidos.

Aunque me habría encantado hablar inglés desde esa época fue en *Siemens* cuando tomé consciencia de que no podía evolucionar profesionalmente si no lo aprendía. Creo que a veces es necesario vivir experiencias desagradables como la de Chicago para obligarnos a salir de la zona de comodidad.

Tenía muchas opciones pero elegí hacer una pausa en mi carrera justo cuando estaba en la cúspide. Pedí mis vacaciones acumuladas y un permiso no remunerado y me fui a estudiar inglés.

*A veces es necesario detenerse para confirmar
que vas por el camino correcto.*

Reviví una de las mejores épocas de mi vida; la de estudiante. Pero con experiencia universitaria y laboral, y con una cuenta bancaria que lo aguantaba todo.

Al llegar me encontré con un sistema de vida completamente diferente, donde las apariencias, la billetera y las propiedades, no eran lo más relevante, por el contrario, lo más importante era la persona, el ser.

A los veintinueve años aterricé estrepitosamente con mis ínfulas de súper vendedor. Llegué a una escuela en donde todos éramos iguales y lo más importante era aprender inglés. Para ello no podía rodearme de gente que hablara español.

En esas seis semanas que viví en Toronto me pasó de todo. Muchas fueron las vivencias, experiencias y anécdotas. Algunas me marcaron de por vida, como cuando no pude comerme un cereal como debe ser porque no sabía cómo se decía cucharilla.

*Tus problemas nunca son tan graves.
Siempre hay alguien que está peor.*

También me tocó explicarle a la directora de la escuela que no estaba a gusto en la casa donde había llegado. El pequeño colchón donde dormía estaba lleno de resortes que se salían. El ruido estruendoso de los aviones hacía vibrar todas las ventanas y puertas del sótano donde estaba mi cuarto. La comida que me daban estaba fuera de cualquier estándar alimenticio. Imagínate explicar todo eso en inglés.

El miedo se supera enfrentándolo.

Aprendí a defenderme con el idioma, a pesar de que estuve la mitad del tiempo sugerido para asimilarlo en su totalidad, recibía clases de 8 a.m. a 8 p.m. y al salir de clase ponía en práctica lo aprendido.

Al llegar a Venezuela quería hablar con todo el mundo en inglés. Deseaba que se repitiera aquella convención de Chicago. Escribía correos electrónicos en inglés, veía las películas sin subtítulos, en fin, todo lo quería hacer en ese idioma. Y ese es uno de los problemas de ese estado, conocido también como *competencia consciente*, la adicción que te crea poner en práctica lo aprendido.

Así le pasó a Julián cuando descubrió que podía disfrutar de los juegos de béisbol desde su casa. Se volvió un adicto de ese sistema, descuidó a su familia, a su peñero y hasta la pesca. Este estado debe ser manejado con mucha responsabilidad. Recuerda que todavía tienes que estar muy consciente para lograr el resultado esperado. En mi caso saber cuándo y dónde hacer uso del nuevo idioma. En el caso de Julián entender ahora que no todo en su vida puede ser la televisión.

Lo que sigue es el nivel supremo de la preparación consciente. Es conducir un vehículo de transmisión manual sin ver los pedales ni la palanca de cambio.

- Escalón 4: *El maestro sabe lo que hace.*

He conocido vendedores de diferentes países del mundo que venden productos y servicios de todo tipo y nivel, muchos súper talentosos. Me llama la atención cómo a la mayoría les cuesta mucho trabajo explicar cómo concretar una venta. Muy pocos tienen la capacidad de enumerar los pasos implementados para lograrla.

De nada sirve ser bueno en algo si no se puede replicar.

Claro, si tienes años en el negocio, podrías decir que no hace falta porque tus números de ventas son tu mejor carta de presentación. Y es cierto. Muchas personas se han convertido en referencia en sus áreas sin tener el conocimiento, la experiencia, ni mucho menos la preparación. Pero para ser un maestro es necesario tener un método, unos pasos a seguir.

También hay que tener cuidado de haber aprendido algo de manera errada o estar desactualizado. Si este es tu caso lo primero que debes hacer es darte cuenta de que lo estás haciendo mal o que lo puedes hacer mejor. Luego, desaprender para aprender algo nuevo, que no es más que volver al segundo escalón, *pon tus barbas en remojo* para continuar ascendiendo.

Desaprender y aprender, la clave para estar actualizados.

Así le ocurrió a Julián con la televisión. El beneficio de disfrutar de los juegos de béisbol en vivo se convirtió en un problema para su familia porque la dejó de lado. En este tipo de situación debes hacer consciencia del problema (escalón 2), trabajar para resolverlo (escalón 3) y revisarte constantemente (escalón 4).

Así que ya no hay excusas para alcanzar el éxito. Lo que tienes que hacer es preguntarte en cuál escalón te encuentras y comenzar a trabajar para alcanzar lo que te propongas a través de las siguientes etapas, que resumen exactamente cada escalón de Las Escaleras al Éxito:

- No tengo idea de nada (escalón 1): puede generarte bienestar, pero te hace ignorante del progreso.
- Tengo una idea de algo (escalón 2): ya entendiste la importancia que tiene el conocer o aprender algo, ahora te toca prepararte.
- Aprendí a hacerlo (escalón 3): te haces experto en la materia pero debes cuidarte de no acarrear vicios, estar desactualizado, o tener conocimientos errados.
- Me reviso constantemente (escalón 4): implica que seas muy objetivo contigo mismo.

Esta consciencia de vendedor es fabulosa para alcanzar, de manera consciente, todo lo que te propongas en la vida. Pero tienes que tener cuidado con atropellar a los demás, usar a las personas para tu beneficio e incluso deshumanizarte.

Nunca pierdas la consciencia de vendedor.

Hasta aquí llega la etapa de ese niño de cinco años que aprendió a vender. En los próximos capítulos, a través de la voz del adulto, mostraré por qué vendo.

– II –
EL ADULTO QUE NO SABÍA POR QUÉ VENDÍA

Capítulo IV
Ser humano es ser vendedor

Mis triunfos en *Siemens* me permitieron *verle el queso a la tostada* de las ventas rápidamente. Ir al supermercado y no llevar la cuenta de lo que estaba en el carrito, amoblar la casa de mis padres y darle la inicial de su primera casa a mi hermana, me llenaba de profunda satisfacción. Pero mis ojeras, el exceso de peso y el estrés eran algunas de las consecuencias de esa vida de vendedor. Sin duda me llenaba los bolsillos, pero no el corazón.

El dinero no es la salvación pero sí la solución.

Cómo no enamorarse de lo material, como por ejemplo de un auto, cuando a mis diecisiete años no me cabían las piernas en el carro de mi padre. Una vez que visitamos el Parque Nacional Morrocoy mi papá decidió no regresar a Caracas esa noche. Sonreímos de alegría porque íbamos a disfrutar de un día más de playa. Lo que mis hermanos y yo no sabíamos es que no había presupuesto para dormir en hotel, o sea nos tocaba dormir en un Chevrolet Chevette. Solo había una posición para dormir, y si movía al menos un dedo del pie despertaba a mis hermanos.

Para disfrutar en la carencia hay que tener mente abierta.

Cómo no querer vivir en una casa con vigilancia permanente y estacionamiento privado, si en las Residencias Angostura de la calle 14, dormía los viernes con mis hermanos debajo de la cama para protegernos de las balas perdidas. Las bandas de delincuentes del sector escogían ese día para detonar sus armas por cualquier razón.

Para mí estar debajo de la cama era una batalla campal pero con mis juguetes. Y lo mejor de todo era que la batalla la ganaba el sueño y el cansancio. Me quedaba dormido en el piso hasta que mi mamá me subía a la cama.

Hay cosas que es mejor no saberlas para disfrutarlas al máximo.

Cómo no querer ir a un restaurante y ordenar hasta saciarme, si en mi casa una cena típica era un pan canilla que mi mamá dividía en tres partes iguales, una para cada hijo. Lo que todavía hoy no me ha querido decir es cuántas veces se quedó sin comer.

Claro, no se trata solo de alcanzar capacidad infinita de compra, también hay reglas que seguir. Me tocó aprender a la fuerza esos parámetros y estándares sociales que dirigen esos ambientes. En una ocasión desayuné con *bufé todo incluido*, estaba con unos compañeros de General Electric de Brasil, Colombia y Venezuela. Fue mi primer desayuno en un hotel lujoso y me ganó la ansiedad y las ganas de sentirme lleno. Al servirme el primer plato lo llené tanto que parecía una montaña con volcán en plena erupción. Muy diferente al de mis compañeros que apenas tenía fruta y cereal.

La adaptación es clave para la aceptación.

Cómo no querer viajar por el mundo, si durante casi veinte años mis vacaciones fueron exactamente las mismas, un mes en Cantaura y el otro en Maracaibo. Llega un punto en el que bañarse bajo la lluvia, convertir las calles en estadios de béisbol, y jugar a las escondidas, termina aburriendo.

Fue indescriptible cuando logré que mis padres y mi hijo tocaran tierras europeas por primera vez y conocieran las suites de un hotel cinco estrellas. También fue muy satisfactorio regalarle el viaje de luna de miel a mi hermana. Ni hablar de cuando sellaron por primera vez mi pasaporte, que durante veinticinco años estuvo en blanco y en menos de cinco años tuve que cambiarlo tres veces.

Conocer el mundo es entender a todo el mundo.

Con dinero se puede tener lo material. Puede que la mente, el cuerpo y las apariencias se alimenten de lo tangible, pero el alma, espíritu y corazón *nada que ver*. Aunque le di mucho que comer a mi mente, cuerpo y apariencia, aprendí a reinvertir el dinero, gracias a los consejos de Pablo Corte (escalón 2 de Las Escaleras al Éxito). Adquirí propiedades, inversiones y ahorros que me permitieron aguantar las crisis financieras que vinieron más adelante. Además conocí clientes que después se convirtieron en socios y le eché una mano a mi familia.

Lo malo siempre tiene un lado bueno.

Sin embargo me sentía como una máquina de hacer dinero, como un pitillo, plástico por fuera y vacío por dentro. En ese momento creo que hasta olvidé la voz de mi papá que me decía que siempre tenía que tener los pies sobre la tierra y no deshumanizarme. Según mi visión de aquel momento, debía concentrarme en tres grandes objetivos *tener* (propiedades, bienes e inversiones), *hacer* (familia, amigos y sociedades) y *ser* (conocerme, descubrirme y cuestionarme).

Muchos hemos sido criados para darle mayor importancia a tener, sobre todo cosas materiales. El problema de tener, sin antes fortalecer otros aspectos, es que se convierte en una competencia por tener lo que otro tiene, comprar cosas innecesarias y gastar por gastar. O el típico cuento de primero el auto, luego la casa y, por último, la familia.

Mi tema de conversación principal con los clientes, compañeros de trabajo y vendedores era la transacción de propiedades, adquirir bienes y hacer inversiones. Hablábamos de cómo multiplicar el dinero y no de cómo disfrutarlo.

Suponía que tener cosas materiales me iba permitir *hacer* los amigos y las relaciones que necesitaba para disfrutarlas. Lo peor era que esta creencia se reforzaba cuando las personas no se conectaban conmigo por lo que era sino por lo que tenía. En una ocasión un cliente de origen griego, llamado Georgios Fotiadis, que se había hecho muy amigo mío, me dijo: "Todos los que te invitan hoy a almorzar, te dan regalos en tu cumpleaños y quieren compartir vacaciones contigo, dejarán de estar a tu lado cuando ya no tengas el carnet de *Siemens*".

Lamento haber perdido amistades valiosas del colegio, la universidad, y de mis trabajos anteriores que no compartían mi mismo interés de tener. Solo me asociaba con personas que podían aportarme algo y no con aquellas a las que yo podía aportarles algo. Seguía esta recomendación que aplica muy bien en el campo de los negocios pero que me hizo dejar a un lado a grandes personas que no recuperaré.

Creía, erróneamente, que al *tener* iba a poder *hacer* y eso me iba a garantizar *ser*. Mi búsqueda estaba desenfocada. Cuando se tiene éxito a nivel material, muy pocas veces dedicamos tiempo al ser interior. Me refiero a aprender a conocer al vendedor que habita en nosotros, con el que debemos negociar para alcanzar la paz, plenitud o felicidad.

Si no disfrutas el camino la meta no te dará placer.

Esa era mi vida. A pesar del vacío que me dejaba el no alcanzar *ser*, la cuenta bancaria, las propiedades y la vida que nunca había tenido, me tenían bastante distraído. Años más tarde, conocí a una amiga dedicada al crecimiento personal y al *Coaching de vida*, llamada Suhail Martínez, que me explicó la razón por la cual no me sentía pleno.

"Existe una propuesta milenaria que grandes personalidades del mundo pusieron en práctica, y se convirtieron en personajes que marcaron hitos en la historia de la humanidad. Y tantos otros que han tocado sus sueños sin el costo emocional y personal, que muchas veces termina desdibujando al éxito mismo.

Algunas personas van de logro en logro a través de aciertos y desaciertos, como si de una danza hermosa y perfectamente sincronizada se tratara. Y van abriendo puertas y ventanas para sí mismos y para otros, tan amplias y tan posibles como puede ser la vida cuando conectas contigo, con tu ser. Y muchos lo hacen sin estar conscientes de ello; en algún momento o desde siempre, fluyeron con su esencia, descubrieron y usaron sus dones, y decidieron hacer lo necesario para obtener los objetivos que se trazaron. Pero tantísimas personas, quizás demasiadas, a veces por lo aprendido en su infancia, por los condicionamientos limitantes de su creatividad y libertad, por las creencias de una cultura que se empeña en dirigir a las nuevas generaciones a repetir comportamientos como camisas de fuerzas que no son sostenibles en una humanidad, requieren redescubrir sus libertades para actuar, para pensar y sobre todo para sentir".

No siempre los consejos de nuestros padres nos garantizan la felicidad.

Suhail, quien se ha dedicado a crear Estrategias de Cambio y Liderazgo Consciente, con base en la Potencialidad del ser, también explica:

"De allí que la propuesta de conocer y aplicar en nuestras vidas el modelo SER, HACER y TENER es una invitación a hacernos conscientes de todo el poder creador que está contenido en nuestro interior. Se trata, entonces, de ordenar las prioridades en nuestras vidas y la forma en que abordamos las metas y objetivos personales. Es hacia dónde dirigimos nuestros primeros pasos. Es reordenar, y evitar poner mente y esfuerzo solo en lo que queremos TENER, y entrar en una dinámica casi obsesiva de acometer una acción tras otra sin pausa, en medio de todo el ruido y la presión social que nos insta a permanecer en el continuo HACER, desconectándonos de nosotros mismos, haciendo pasar a nuestra propia existencia, nuestro SER, a un segundo plano, que casi solo sobrevivimos (comer sin nutrir, dormir sin descansar, hablar sin conversar,

estar junto a alguien no presentes sino desconectados). Y así se pueden pasar los días unos tras otros, viviendo en el afuera sin contactar con nosotros mismos, sin escucharnos, sin sentirnos, sin amarnos. Esto lo vemos en personas «exitosas» materialmente hablando, o desde la perspectiva profesional o del reconocimiento público, pero con altos costos en la salud, con dependencias farmacológicas o sicotrópicas, o personas tan solas que se refugian en el ruido de fiestas permanentes, consumo de alcohol desmedido y relaciones superficiales sin vínculos verdaderos.

La idea es empezar a trabajar en nuestro SER. Es detenernos y hacer un poco de silencio interior para Autoconocernos. Mirar hacia adentro y enumerar nuestros dones (no siempre es fácil identificarlos, por eso bajar el volumen al ruido interno y al externo nos ayuda a clarificar nuestros propios recursos). Mirar nuestra historia y hallar en ella nuestras virtudes, esas que nos sacaron de un momento difícil, o nos colocaron en una situación aventajada para tocar sueños. Autoconocernos es identificar nuestras áreas de oportunidad y saber que podemos trascenderlas. Trabajar en nuestro SER es estar atentos y saber qué sentimos, qué emoción nos aborda y darle su espacio a través de la autoregulación. Es entender que es sano vivir nuestras emociones y gestionarlas con eficacia. SER es sentir el verdadero amor por uno mismo y cuidarse, respetarse. Es decir, decir NO cuando no quiero, un NO bien grande a lo que no me da paz, y decir SÍ cuando así lo quiera. SER es estar conectado con nuestra esencia, con lo que somos, es poder reconocer nuestro propósito de vida: para qué somos buenos, qué nos hace brillar los ojos. Es saber dónde podemos poner luz y apoyar a otros a que enciendan la propia".

Para ser un buen vendedor es necesario conectarse con el SER.

A partir de sus enseñanzas comprendí por qué en ese momento de mi vida, de tanto éxito laboral y económico, no me sentía a gusto conmigo mismo. Comprendí cómo satisfacer esquemas sociales me hacía apetecible para ciertas personas, pero no me dejaba ninguna satisfacción personal. Las cosas materiales llenaban mi ego, pero no mi corazón.

Este desapego con el ser no ocurrió nada más en aquellos años, es algo que pica y se extiende, aún en estos momentos donde, además del éxito laboral y económico, aparece el reconocimiento público. Es por ello que no puedo dejar de recordar a Suhail, especialmente cuando dice:

"Trabajar en el SER pasa por unos días de bajarle el ruido al mundo exterior, de andar un poco bajo perfil y hacer silencio como mejor sepas y quieras (orando, respirando, meditando, contemplando la naturaleza) para conectar con tu esencia y conseguir respuestas, nuevas ideas, descansar para luego salir al mundo con una visión mucho más ampliada y sin juicio. Con la claridad y asertividad necesaria para diseñar planes y ejecutar estrategias que te movilicen a tus metas propias. Pero trabajar en el SER también es cosa de un instante, de tomarte unos minutos al día para hacer respiración consciente, para recuperarte de un día agotador, de un encuentro desafortunado, de un desacierto, o de una intensa celebración. Trabajar en el SER es detenerse y observar qué estás sintiendo respecto a algo y darle el espacio a ese sentimiento. Eso es SER feliz, vivir en bienestar. Siendo humano, pasándote cosas, teniendo que lidiar con el entorno desafiante, pero teniendo la certeza de que eres poderoso, que eres capaz, que tienes todos los recursos para tocar tus sueños. ¡Imagina!, somos hijos de Dios y nos corresponde toda su grandeza".

Sin darme cuenta ya había indagado en mí cuando me pregunté *por qué soy vendedor*. Esa primera meditación me permitió escucharme, más allá de las olas del mar, sentirme cuando la brisa me despeinaba y, por supuesto, visualizar algo más que la siguiente venta.

Tómate el tiempo de escuchar tu interior como mejor sepas o quieras.

Suhail dice:

"Seguir este modelo genera el estado ideal personal para crear el plan estratégico a ejecutar, que te llevará irremediablemente a TENER lo que quieres. Siendo este fin último la oportunidad para celebrar, sentir, disfrutar el éxito, cualquiera sea el éxito para cada persona. Espacio también para revisar, para mirar el proceso,

cómo fue, qué hacer distinto, qué mantener, y qué potenciar. Qué compartir de la experiencia, resultados y conocimientos adquiridos con otros; dónde podemos agregar valor. Esta pausa en el TENER es una oportunidad maravillosa para celebrar, descansar, y para crear de nuevo, es decir, HACER.

Este modelo de vida lo podemos extrapolar a cualquier área de aplicación. Si pienso en las ventas, considero que cada vendedor debe detenerse en identificar sus competencias, sus áreas fuertes; esas cualidades que puede desarrollar, pero también pienso en lo importante que es para un vendedor sentir la confianza que viene de conocerse a sí mismo, la serenidad que viene de saberse único y capaz de tocar sueños. Creo que reconocer sus victorias pasadas y sus talentos lo habilitarán para la construcción de un exitoso plan de acción que cerrará en objetivos ampliamente alcanzados".

Encuentra en el ser lo que te convierte en una obra maestra.

Es imposible buscar afuera lo que radica en nuestro ser. Alcanzar los objetivos profesionales, cumplir los sueños, y adquirir todo lo material que nos propongamos, debe iniciar con la búsqueda profunda del vendedor que llevamos dentro. Ese que es capaz de desafiar nuestros límites o que en ocasiones es quien más nos limita. De hecho, como vemos al mundo exterior será el reflejo de ese vendedor. Piensa en las personas que creen que el problema está en el entorno que los rodea y no en ellos. Ellos no hacen los correctivos desde adentro, sino que más bien cuestionan, critican y juzgan a quienes no hacen lo que ellos consideran correcto.

También hay otros que son maravillosos vendiendo, pero al llegar a casa son intransigentes con la familia, no negocian con los hijos y son autoritarios con la pareja. ¿De qué les sirve ser buenos vendedores en la calle si en la casa no lo pueden ser? Sé que no es fácil, así como te lo estoy diciendo, también me lo estoy diciendo a mí. Me lo repito en cada conferencia, seminario y asesoría.

El secreto que he encontrado para ser coherente conmigo mismo, y así profesar con el ejemplo, ha sido *No dejar colgado el traje de vendedor en la entrada de mi casa.* Eso me permite tratar a mi familia, hijos y pareja, con la misma amabilidad, cortesía e interés con el que trato a mis clientes. No es que todo sea color de rosa en mi casa, porque como en toda familia, tenemos grandes diferencias. Pero tener presente que son también mis clientes me hace escucharlos más, interesarme por sus cosas, y tener apertura mental para cuando piensan y actúan diferente a lo que espero.

No dejes colgado el traje de vendedor en la entrada de tu casa.

Más adelante presentaré el método para vender cualquier producto, a cualquiera, y al precio que quieras. Pero para que disfrutes del dinero que vas a ganar -luego de aplicar el método a cabalidad-, debes concienciar que el verdadero éxito no se alcanza solo con recibir la comisión, bono o incentivo. El verdadero éxito ocurre cuando el cliente siente tanta satisfacción como tú al momento de cerrar el negocio, porque sabe que no lo embaucaron con un producto que no atiende sus expectativas. Comprender esto es clave para tener clientes que te compren hoy, mañana y siempre y, por supuesto, para ser feliz.

Dejar a un lado mis intereses personales para incluir las demandas de los clientes fue una tarea ardua. Pero me permitió duplicar las cuatro horas de descanso al día, sonreír por las pequeñeces de la vida y comenzar a disfrutar el dinero que me estaba ganando.

En otras palabras, hice de las ventas mi estilo de vida. Hasta el sol de hoy no he dejado de vender. Me di cuenta de que perfeccionando mis técnicas en el hogar era más exitoso en los negocios. Comencé a brindarle a mis seres queridos el trato especial que daba a los clientes y todo cambió de la noche a la mañana. Me ha funcionado, incluso, para llegar a acuerdos con personas que no me agradan.

La venta puede salvar al mundo.

La filosofía *vender es un estilo de vida* me permitió lograr que los clientes se conectaran conmigo y no con el producto que vendía. Recuerdo el caso del doctor Luis Andonaegui, a quien le vendí productos y servicios médicos de *Siemens* y de otras marcas, al final nos hicimos socios en *Siemedic*.

El doctor Andonaegui tiene la edad de mi papá. Es un gran ser humano, un extraordinario médico neurólogo y uno de los empresarios de la salud más reconocidos en Venezuela. Su experiencia en materia de negocios fue una gran escuela para mí. Se ganaba fácilmente la confianza de cualquier persona. Parecía que siempre tenía las palabras apropiadas para quienes lo escuchaban. Su poder comunicacional, simpatía y carisma, eran su imán.

Pero lo que más me sorprendía de Andonaegui era su habilidad de hacer silencio. Costaba creer cómo alguien tan conversador se quedaba tan callado cuando pasaba de vendedor a comprador.

Más que saber hablar debes saber callar.

Al principio me era muy incómodo venderle. Luego entendí que era su mejor herramienta de negociación. En el juego de las ventas el primero que habla pierde. Muchos vendedores, al no manejar esta variable, ponen obstáculos en la negociación. En una ocasión un colega preguntó al cliente acerca de la inversión que representaba adquirir su producto. Luego de hacer la pregunta no hizo la *Pausa dorada* y dijo al cliente, con cara y tono de voz de desesperación: "Le parece caro, ¿verdad?" Tal vez al cliente no le parecía costoso, pero la *incontinencia verbal* del vendedor hizo que el cliente lo pensara dos veces.

Después de una pregunta, la *Pausa dorada* es una de las mejores formas de hacer que el cliente tome la iniciativa y decida. Los instantes siguientes a la pregunta deben ir acompañados de una sonrisa amable y un silencio sepulcral. Luego de cinco segundos la presión y la obligación de responder están del lado del cliente.

Haz la Pausa dorada y deja que sea el cliente el que se exprese.

En eso el doctor Andonaegui era un experto, lo que lo colocaba un paso adelante de los vendedores, proveedores y aliados.

La consecuencia de no hacer la *Pausa dorada* es abrir la compuerta que libera el torrente de la *incontinencia verbal*, en donde se desborda lo que queremos decir, pero no debemos o no podemos. En una discusión de pareja, por ejemplo, se pueden llegar a decir cosas de las que se arrepienten después. En las ventas una palabra puede derrumbar todo el trabajo puesto para el cierre de un negocio. Cada vez que un vendedor, proveedor o aliado, no controlaba su *incontinencia verbal* entregaba información clasificada a Andonaegui que le permitía tener mejores precios, condiciones especiales y mejora en los tiempos de entrega.

No hables más de la cuenta. Evita la incontinencia verbal.

La relación con él no solo me regaló estos dos grandes conceptos, la Pausa dorada y la Incontinencia verbal, necesarios para vender y para vivir, sino que además al ganarme su confianza me permitió hacernos socios en *Siemedic* y hoy tener una gran amistad con él y su familia.

Siemedic era el sueño de una *Siemens* manejada por mí, luego de que la importación de equipos médicos en Venezuela dejó de tener condiciones preferenciales para la obtención de divisas, y además de unos cambios internos en la organización que complicaban el poder de negociación del vendedor. Consideré prudente, después de más de seis años en la empresa, manejar el negocio desde afuera, es decir, convertirme en un distribuidor de *Siemens* y de esa manera llegar a corregir algunas imperfecciones que a mi juicio tenía en Venezuela la transnacional alemana.

El emprendedor debe soñar pero despierto.

Imagínate cómo la ilusión del emprendedor me alejaba de la realidad, llegué a pensar que *Siemedic* iba a operar mejor que una multinacional alemana, que es número dos o tres en cualquier negocio en el que participe, tiene presencia en cien países y fue fundada en 1847.

Con esto no quiero decir que no hay que soñar en alto, sobre todo cuando se decide romper el cordón umbilical de la dependencia financiera y convertirte en tu propio jefe. Por el contrario, mientras más grande sea el sueño, más posibilidad tienes de realizarlo porque seguramente nadie lo ha pensado.

Pero lo cierto es que en el año 2012 el avión de *Siemedic* despegó lleno de muchos proyectos, todos mis ahorros puestos allí y el respaldo de *Siemens* y del Doctor Andonaegui. Un proyecto concebido desde el principio como una gran organización, porque hasta el nombre había sido seleccionado conforme a la evolución de la empresa en los próximos cincuenta años.

En la primera etapa *Siemedic* significaba SIEmens MEDICal, para hacerle ver a los clientes que se trataba de un apéndice de la corporación alemana, y que la relación comercial que habían mantenido por años conmigo se mantenía intacta.

Luego, a mediano plazo, *Siemedic* se convertiría en Soluciones Integrales para Empresas MEDICas, una compañía que, además de la línea de productos *Siemens*, incluirían accesorios, consumibles y productos complementarios.

Y finalmente, *Siemedic* pasaría a ser Servicios Integrales para Empresas MEDICas, en la que se incluirían, además de todo lo contenido en la etapa anterior, los servicios técnicos, comerciales y financieros asociados a los equipos médicos. Lo que la posicionaría como la única empresa en su clase en Venezuela.

Cuídate de los espejismos empresariales.

Acerca de la razón de ser de esta maravillosa empresa, podría decir lo típico que te ofrecen los *espejismos empresariales*: cubrir los espacios en el mercado que quedaban desatendidos por la transnacional alemana, satisfacer mi ego y poder implantar mis propias normas sin jefes que me controlen, ganar mucho más dinero que el 5% que me ganaba por cada venta que realizaba en *Siemens*. Cualquiera de ellas pudiera ser una razón *importante* para iniciar una empresa, pero al final no es *urgente*, es decir, es postergable. A mi juicio, ese es el motivo por el que muchos emprendedores no terminan de alzar vuelo, porque no encuentran las razones de urgencia para actuar hoy y no mañana.

Encontrar el sentido de urgencia en la vida es necesario para actuar, porque si no es urgente no será atendido en el momento. Si usted no le crea el sentido de urgencia al cliente, de que debe comprar hoy, seguramente no le comprará nunca. Jamás será de vida o muerte para él, aunque debemos tener mucho cuidado con esto, ya que podríamos caer con mucha facilidad en la manipulación.

Si quieres algo encuentra el sentido de urgencia de ese algo.

De la misma manera como se hace en las ventas se hace en la vida. Si no se encuentra el sentido de urgencia para iniciar esa dieta, escribir un libro o separarte de tu pareja, jamás se dará el gran paso.

Mi sentido de urgencia para emprender *Siemedic*, aunque pudiera parecerse a lo que te ofrecen los *espejismos empresariales*, en verdad era la necesidad de tener un empleo para mantener el estatus de vida que llevaba. Lamentablemente, las cosas en *Siemens* ya no eran tan favorables para seguir ganando lo que ganaba. Si a eso le sumábamos que la empresa había sufrido cambios importantes, que limitaban el poder y la influencia del vendedor en la organización, se hacía muy cuesta arriba mantenerse en el nuevo carril de las normas y criterios. Ya no se parecía a esa empresa que me había enseñado tanto.

Nada dura para siempre.

Siempre se tiene la opción de acostumbrarse o migrar. Mi decisión fue lanzarme por el tobogán del emprendimiento. Ya no tenía en mi hombro la cruz de las restricciones absurdas de los directivos de la empresa y demás. El dinero que esperaba de *Siemedic* era suculento, pero nunca llegó. Por el contrario, me consumí toda mi liquidación, me llené de deudas y hasta me gané algunos enemigos. Y esto no fue por *Siemens*, sino por mi afán desenfrenado de querer tener un negocio para ganar más dinero, por no tener procesos y por creer que no tenía que rendirle cuentas a nadie.

Gracias a Dios, esta no fue la única empresa que inicié en 2012. Ese año nació Ivanna, mi segundo motor, quien vino a llenarme de vida, amor y esperanza. Definitivamente, llegó en un momento muy revuelto de mi vida y fue mi salvación ante la salida de *Siemens* y el fracaso de *Siemedic*. Ese año, además, registré Cones Consulting Group, pensando en mi retiro años más adelante. Creía que un buen retiro de mi vida profesional sería contar mis experiencias, y las de muchos profesionales, a través de un grupo de consultoría empresarial.

Prepárate para lo peor pero siempre espera lo mejor.

Era un coctel de sentimientos muy extraño, por la ilusión de mi primera hija y, al mismo tiempo, la incertidumbre de no saber qué me iba a deparar el destino profesional. Se activó el sentido de urgencia para echar adelante en el 2013 a Cones Consulting Group. Una empresa que, en principio, estaba dirigida a conformar grupos de profesionales de élite en distintas disciplinas que pudieran ayudar a las empresas a mejorar su participación en el mercado y su clima organizacional. Terminó siendo la productora y madre de la marca más exitosa que hemos tenido: Luis Cones.

Los resultados no siempre son los esperados.

Convertir a un ser humano en una marca comercial, en una figura pública y en una referencia hispanoamericana en el mundo de las ventas, fue cuesta arriba, pero lo logramos. Fueron muchas las dudas e interrogantes que nos planteamos, comenzando por no saber qué tipo de contenido iba realmente a impactar a la audiencia, a quiénes nos debíamos dirigir y cómo nos íbamos a dar a conocer. Pero la importancia de encontrar mi *ser*, para después *hacer* todo lo que se requiere, y finalmente *tener*, fue lo que nos permitió ser reconocidos como *el artista de las ventas* en menos de tres años. Muchas fueron las cosas que tuvimos que *hacer*. Afortunadamente, logramos convertirlas en herramientas que describiré en los siguientes capítulos, para que tú también lo logres con tu marca personal, con tu emprendimiento, o con tu empresa.

Capítulo V
El artista vendedor

Después de entender que los seres humanos somos vendedores por naturaleza, que debemos conectarnos con nuestro ser para poder hacer y finalmente tener, la única manera de marcar la diferencia es profesionalizando al vendedor que llevamos dentro.

Para lograrlo debemos comenzar por el principio, a través de la evolución natural que debería tener un vendedor ordinario para convertirse en uno extraordinario. A continuación descubrirás la primera etapa de profesionalización: *El artista vendedor*.

Al hablar de arte pensamos en artistas plásticos como Miguel Ángel, Picasso o Botero. Sin embargo, artista también es aquel que logra desarrollar al máximo su creatividad, a un punto que puede concebir obras únicas, irrepetibles e inolvidables, independientemente del tipo de arte en el que se especialice.

Lo que quiere el cliente de hoy es que el vendedor le haga sentir una experiencia excepcional al momento de comprar productos y servicios, como si se tratara de un diseñador de modas, confeccionando modelos únicos y exclusivos.

Ser vendedor es ser creativo.

Al ser cada cliente tan diferente y tener que ofrecerle un mismo producto o servicio, se hace necesario ser muy creativo. Lo que le sorprende a unos, a otros ni les llama la atención. El discurso que utilizas con unos seguramente no te va a funcionar con los demás. Incluso, en la escogencia del restaurante para cenar con tu cliente, la forma de desarrollar la conversación y hasta para escoger la ropa más apropiada, la creatividad es vital. Y a pesar de que la efectividad de la escogencia depende, en gran medida, de la *prospección* -de la que hablaremos más adelante- no debemos pasar por alto el desarrollo de esta habilidad artística.

Ni hablar de la creatividad que se requiere cuando vendemos varias líneas de productos o servicios, cuando incursionamos constantemente en otros mercados o cuando tenemos responsabilidades multinacionales y nos toca relacionarnos con muchas personas de diferentes culturas, creencias y religiones.

Yo no dejo de utilizar mi creatividad para hacer de las actividades rutinarias, algo realmente distinto y agradable. Así como también para salir de dificultades y aprietos.

DESARROLLO DE LA CREATIVIDAD

La creatividad no es fácil desarrollarla cuando no la tenemos configurada en nuestra estructura laboral o cuando pensamos que no es necesaria en un mundo tan globalizado donde pareciera que todo está inventado. Es por ello que a continuación quiero compartir contigo tres formas fabulosas de incluirla en tu día a día:

- **Hacer garabatos**

Cuando yo me dedicaba, en mis tiempos de ocio, a rayar las páginas en blanco de mis cuadernos viejos, a dibujar bigotes en los personajes de los billetes o a rellenar los espacios que le dan forma a las letras en las revistas, sentía que estaba perdiendo mi cordura. Pero, después de instruirme en la materia, me di cuenta de la importancia que tienen estas actividades para desarrollar la creatividad. Así que vendedores ¡a hacer garabatos!

- **Soñar despierto**

Seguramente, en algún momento te han dicho: "Como que andas en las nubes", "Como que estás perdido" o "Regresa a tierra". Que te digan eso es síntoma de que estás soñando despierto, es decir, estás imaginando condiciones diferentes a las de hoy. Mientras eso ocurra tu cuerpo lo refleja. Entonces a soñar despiertos pero siempre con los pies en la tierra.

- **Jugar para asociar**

El juego de las asociaciones lo hago con mis hijas cada vez que puedo. Consiste en acostarnos en la cama e imaginarnos que en el techo hay mariposas, dulces y a veces hasta monstruos. Aunque parece un juego de niños, al asociar cosas reales con cosas irreales, la imaginación vuela y despierta las ganas de crear por muy dormida que esta esté.

Pon en práctica estas tres herramientas, constantemente y ya verás cómo tus obras maestras en la vida, y en las ventas, comienzan a aparecer.

MANEJO DE EMOCIONES

Otro elemento clave del *artista vendedor* es el manejo de sus emociones para saber cómo crear un ambiente idóneo para vender -aún en las peores condiciones de ánimo de su cliente-. Cuándo hablar, cuándo callar, y cómo mostrarse a la altura de cualquier situación, independientemente de su experiencia, conocimiento y trayectoria.

Cuando pienso en emociones pienso en MARTA, acróstico de cinco emociones básicas que están presentes en todos los seres humanos: miedo, alegría, rabia, tristeza, y amor. Cada una de ellas necesarias para darle sentido y sabor a la vida de ventas.

A continuación veremos cómo ellas no son ni buenas ni malas, pero su administración es necesaria para triunfar.

- **Miedo**

Son muchos los miedos que nos aquejan, y muy a pesar de lo que piensan las personas, a mi juicio no tiene sentido desaparecerlos. Por el contrario, se trata más bien de aprenderlos a manejar, ellos pueden ayudar a resguardarnos.

Una forma de manejar los miedos es teniendo en cuenta que ellos habitan, siempre y cuando haya incertidumbre, desconocimiento e ignorancia. Así que si hay algo a lo cual le temes es porque seguramente tienes dudas, desinformación o pocas ganas de quererte preparar o capacitar.

El miedo habita en la incertidumbre, desconocimiento e ignorancia.

Cuando sientas que las manos te sudan, las piernas se vuelven fideos o el estómago toma vida propia, lo más seguro es que estés en presencia de un miedo. Allí te invito a que te preguntes si ese miedo te está protegiendo o más bien te está limitando. Los que te protegen creo que vale la pena mantenerlos. Pero los que te limitan toca reconocerlos para poder sacarles provecho.

Se ha comprobado que los vendedores sufrimos de al menos tres tipos de miedo que nos limitan:

1) **Miedo al rechazo**

Día a día los vendedores se exponen a la posibilidad de que les digan *no*, cada vez que presentan una propuesta, cuando acuerdan reuniones con los clientes y cuando solicitan a sus gerentes condiciones especiales para vender. Cuando siento temor al rechazo que me pueda generar esas situaciones, pienso en que lo peor que me podría pasar en esas circunstancias es que me dijeran *no*. Eso me tranquiliza y, al mismo tiempo, me hace prepararme mejor para evitar ese rechazo. Aunque el problema no es que te digan no, es más bien qué hacer después que te dicen que no. Más adelante, cuando hablemos del cierre de la venta, daré respuesta a esta interrogante. *El no de hoy será un sí mañana.*

Cuántas veces nos han dicho no, y las que faltan.

2) Miedo al fracaso

Desde niños nos enseñaron que fracasar es opuesto a tener éxito y esa es la razón principal por la cual le tenemos tanto temor al fracaso. Lo más sorprendente es que las personas que se consideran extraordinarias, en el ámbito deportivo, político, artístico y hasta religioso, si algo han hecho es fracasar. Ahora bien, con esto no quiero decir que te conviertas en una fracasada o fracasado, lo importante es que entiendas que debes vivir el presente. Si hacemos un poco de consciencia la mayor parte del tiempo vivimos en el pasado, con el recuerdo de los errores cometidos que terminan paralizándonos. La otra parte del tiempo vivimos en el futuro, con temor a lo incierto o a lo que nunca ha ocurrido y que tal vez nunca ocurra. ¿Y cuándo será el momento de vivir en el presente, de disfrutar el hoy, aprender de los errores y prepararse lo suficiente para enfrentar lo desconocido?

Es hora de vivir en el presente, deja el pasado para aprender y el futuro para que te sorprenda.

3) Miedo al qué dirán

Me cuesta creer cómo seguimos dependiendo de los demás para vivir nuestras vidas. Y claro existen parámetros sociales, leyes y normas que debemos cumplir. Pero cuando no estamos perjudicando a nadie, ni tampoco nos encontramos al margen de la ley, no le veo sentido esperar la opinión del otro para tomar decisiones de vida o, peor aún, dejar de hacer cosas para evitar un comentario negativo o despectivo. Si la vida fuese un automóvil yo conozco gente que no son los conductores, van de copilotos al lado del chofer. Algunos van en el asiento de atrás y ven cómo otros manejan su vida. Pero el peor de los casos es la gente que ve su vida desde afuera del auto y dice, con suspiro incluido, "Ahí va el carro de mi vida". ¿Hasta cuándo vamos a vivir la vida en función de personas que lo único que aportan son críticas y malos comentarios?

Conviértete en el piloto de tu vida.

Otra forma de utilizar esta emoción es despertando en tus clientes el miedo a perder la oportunidad de comprarte hoy. No lo suelo hacer, pero creo que es importante crear consciencia de ella para cuando intenten aplicarla en ti. Generalmente es aplicada con expresiones como estas: "Si no me compra hoy, perderá el descuento", "Si no me compra hoy, se lo vendo a otro", "Si no me compra hoy, perderá los privilegios como cliente". Aclaro, esto no quiere decir que los vendedores no estén diciendo la verdad. Pero usualmente tienden a exagerar un poco.

- **Alegría**

Mi papá siempre ha dicho: "La vida son cinco minutos", y vaya que esto se ajusta perfectamente a la corta duración de los momentos de alegría. La inmensa mayoría de los vendedores estamos expuestos a muchas alegrías constantes: el cierre de negocios, reconocimientos públicos, e invitaciones privilegiadas que casi siempre duran cinco minutos.

La vida son cinco minutos.

Ahora hay que considerar que hay alegrías que vienen disfrazadas, es decir, más que darnos placer terminan dándonos dolores de cabeza. De ellas quiero hablarte para que las evites y puedas contrarrestarlas.

1) **Alegría desbordada**

Este es el tipo de alegría que te coloca una venda en los ojos y, en la mayoría de los casos, te deja muy mal parado. Por ejemplo, imagínate que estás cerrando un negocio muy importante que te llevó casi un año de negociación. Al momento del sí por parte del cliente tu alegría se desborda en la sala, te montas encima de su mesa, le tumbas las cosas que están en su escritorio y gritas a los cuatro vientos: ¡Sííí, lo cerré! ¿Cómo crees que se va a sentir tu cliente? Otro caso típico es cuando te dicen que te van a comprar y la alegría, combinada con la falta de concentración, te hace hablar más de la cuenta y expresas detalles adicionales del producto o servicio, que lo pongan a pensar si está tomando la decisión correcta. A esto es lo que yo llamo sobrevender.

Cuidado con la sobreventa.

2) **Alegría contenida**

He presenciado casos, incluso algunos en los que fui el protagonista, en los que se nos sonroja el rostro, las palabras no terminan de salir, o las risas que tratamos de contener brotan por la piel con pequeñas expresiones. Esto me pasaba con mucha frecuencia al principio, entonces hablé con un gran amigo de la universidad, que sin darme cuenta siempre fue mi coach personal, y actualmente es un referente en el manejo de emociones. Le dije a Andrés -de apellido Villanueva- que tenía que controlar esto, porque había notado que algunos clientes se daban cuenta de la alegría contenida, y sentía que la malinterpretaban. Él me dijo: "Cuando intentas controlar una emoción, ella te controla a ti".

A partir de ese momento comprendí que para mejorar esa situación debía asumir mi rol de vendedor y no de novato. Era el momento de comenzar a ver los negocios de los clientes con sus bolsillos y no con el mío. Descubrí que lo que a mí me parecía una gran cifra para los clientes era un monto de rutina. Independientemente de que lo que me iba a ganar era mucho dinero para mí, aprendí a relajarme y a ver el negocio como uno más, sin importar sus dimensiones. Eso sí cuando perdía el contacto visual y me alejaba un par de millas del cliente, pegaba gritos al cielo, de esos liberadores y reconfortantes.

No vendas con tu bolsillo.

Esto lo hacía y lo sigo haciendo con el propósito de felicitarme, pero también para evitar deshumanizarme. Porque hay a quienes en este mundo las cosas dejaron de sorprenderle. Sí creo que cuando eso se pierde el trabajo se hace aburrido, monótono y hasta sin sentido, se deja de disfrutar el camino de la vida.

3) **Alegría de tísico**

Muchos usan esta expresión para referirse a la satisfacción momentánea que puede generar un cliente que dice que va a realizar una gran compra y al final el negocio no se da. Hay algunos que, incluso, comienzan a calcular la comisión de esa venta. Peor, hay otros que hasta la gastan sin tenerla.

Lo más fuerte de esta expresión es su origen, porque tísico proviene de la tisis o tuberculosis pulmonar, que en la Caracas de la colonia era una enfermedad letal.

Así surge el cruel refrán: *Eso es alegría de tísico,* con el cual se resume la tristeza sentida por un observador ante la presencia del alborozo de alguno de los enfermos terminales de esa patología; queriendo decir: "¿De qué se ríe, si está condenado a morir irremediablemente?".

Cuidado con las deudas de la alegría de tísico.

Seguramente después de saber esto no creo que vuelvas a utilizar esta expresión. Por ello, antes de decir algo, y mucho menos repetirlo, es bueno conocer su origen.

Como verás no todas las alegrías son buenas. Incluso las que provienen de momentos realmente satisfactorios, pueden jugar en tu contra cuando te toca tomar decisiones trascendentales, ya que generalmente no se escoge la opción apropiada. Y esto llega al extremo de quienes se unen en matrimonio por un momento de alegría. Así que, si estás muy alegre no decidas hasta que se te pase la alegría.

De la alegría genuina puedo decir que la disfrutes al máximo. Como todo momento de placer y felicidad en la vida dura muy poco, como dije son solo cinco minutos.

Muchos vendedores usan la alegría que le proporcionarán sus productos y servicios, una vez los adquieran, para propiciar la decisión de compra en los clientes. Aunque esta pudiera ser una práctica efectiva, en lo particular no me gusta usarla si de verdad no la siento. Por el contrario, creo que vendería más la emoción que esté experimentando en ese momento, que configurarme una alegría para quedar bien.

- **Rabia**

Cuando el cliente exige muchos descuentos, luego manda a realizar infinidad de modificaciones en la oferta, incluso pide que lo lleven a la casa matriz de tu empresa, y después de más de seis meses de negociación dice: "Lo siento, decidí comprarle a la competencia", evidentemente lo que menos provoca es decirle: *"Lo felicito por la decisión tomada"*. Por el contrario, cuando eso ocurre a mí me hierve la sangre, la respiración comienza a ser más intensa, y la piel se me enrojece. Afortunadamente, siempre he tenido la suficiente inteligencia emocional para evitar que eso pase a mayores. Pero no puedo negar que lo que me provoca es reclamarle, exigirle y hasta insultarlo.

También he conocido otros tipo de rabias que me han dejado una gran lección, por ejemplo:

1) **Rabia inspiradora**

La molestia es inevitable, aunque he vivido situaciones en las que esa misma rabia me inspira a hacer las cosas mejor. En esos casos siempre se me viene a la mente, la manera tan particular, que tienen algunos japoneses de hacer una huelga de trabajadores en una fábrica. Lejos de parar la planta lo que hacen es sobre-producir, con ello crean un caos en la cadena de producción saturando los canales de distribución y ventas. Algo así es en lo que se ha convertido mi rabia. Si me dicen que le van a comprar a la competencia, después de esos largos meses de negociación, me dedico a seguir cuerpo a cuerpo el proyecto y contacto al cliente de manera consecuente, ya no para venderle mis productos, sino para evaluar el desempeño de la competencia. En algunos casos me he convertido en una especie de protector de su proyecto. Eso siempre me ha dejado acceso a la información de la competencia, y hasta nuevas ventas con ese mismo cliente. Sin duda se sienten en deuda por ese tiempo adicional que les he dedicado. En las ventas nunca todo está perdido.

En las ventas nunca todo está perdido.

2) **Rabia decisiva**

No sé si a ti te ha pasado, pero hay clientes que uno quiere venderles a toda costa, que duras años tratando y nada. Resulta que las relaciones con la competencia son muy estrechas y no hay manera de quebrantarlas. En esos casos mi rabia ha decidido desconectarme por completo de ese cliente, dejando de insistir, de llamarlo, y de darle condiciones especiales. Lo más sorprendente es que, acto seguido a mi desconexión, recibí llamadas de muchos clientes decididos a comprar. Ocurre que, como en toda relación interpersonal, cuando uno presiona lo suficiente después toca soltar un poco e ignorar para que las cosas fluyan.

Presiona lo suficiente y luego suelta e ignora.

3) **Rabia creativa**

Muchas de mis buenas ideas en ventas han surgido luego de rabias contenidas, al ver cómo la competencia me arrebataba la venta en mis narices. Allí he utilizado esa misma energía para preguntarme: ¿Y cómo lo hago mejor? ¿De qué manera puedo superar esa propuesta? Siempre pienso que si alguien lo pudo hacer, por qué no lo puedo hacer yo. Aquí no falta la voz de mi papá recordándome que toda experiencia de vida tiene su enseñanza, e incluso su sacrificio. Claro, hay que tener cuidado de hacerlo sin consciencia, porque el resultado puede ser peor.

Convierte la rabia en creatividad.

Una práctica muy común, de vendedores de la vieja escuela, consiste en despertar la rabia del cliente para que tome decisiones de compra que los favorezcan. Usan expresiones como: "Nuestros productos no son para todo el mundo", "No puede dejar que otros en el mercado los compren primero que usted" o "La exclusividad tiene un costo muy alto". Y no voy a negar que en muchos casos acudí a este tipo de expresiones, y a otras peores para cerrar negocios. Pero a pesar de que lograba cerrar, ganaba clientes que se convertían en problemas de cobranza. Porque en la mayoría de los casos no eran clientes que de verdad podían adquirir mis productos, sino que, al haber detonado su rabia los hacía decidir apresuradamente.

- **Tristeza**

Según muchos vendedores, la pérdida de un negocio sumamente importante es comparable con la tristeza que genera la muerte de un familiar, amigo o mascota. El torbellino de emociones que se experimenta amerita que los vendedores, además del conocimiento técnico, financiero y comercial, deban desarrollar la fortaleza mental que les permita salir airosos de los fracasos, rechazos y frustraciones.

Para vender necesitas más fuerza mental que física.

Ahora bien, no todas las tristezas que he vivido en el mundo de ventas han sido del todo malas. Algunas hasta me han traído grandes beneficios a corto, mediano y largo plazo. Por ejemplo: la tristeza constructiva.

1) Tristeza constructiva

Esta tristeza me ha permitido sacar un aprendizaje de ese momento triste, porque estoy convencido de que siempre que una venta no se da como lo esperábamos es porque algo dejamos de hacer, algo pudimos hacerlo mejor, o sencillamente no estábamos suficientemente preparados. Y lejos de culpar al entorno, a la empresa o a los demás, opto por asumir la responsabilidad, luego hacer las correcciones, y finalmente tener consciencia para evitar caer otra vez en lo mismo. Como consecuencia, esta postura me hace tomar el control de la situación. Al mismo tiempo que me deja un gran aprendizaje que en muchos casos, al principio, no logro comprender pero que el tiempo siempre se encarga de darme un porqué contundente.

2) Tristeza conveniente

No es mi favorita, cuando de igualación de emociones se trata. Me parece que disimular una tristeza, con el fin de lograr la conexión emocional más rápida con el cliente te puede dar ventaja en la negociación, pero recuerda que por más que digas que lo estás apoyando en ese momento difícil tienes que sentirlo, de lo contrario el cliente puede percibir que estás fingiendo, y el resultado puede ser nefasto. Recuerdo cuando en el primer contacto con un médico ginecólogo y obstetra, que le queríamos vender un equipo de ultrasonido, un colega que estaba en proceso de formación observó un anuncio de prensa que el médico tenía colgado en su pared, y sin consultar se atrevió a darle el pésame al doctor por el fallecimiento de su hijo, simulando una tristeza profunda. En ese momento suspiré profundo, cerré los ojos y mi cabeza se movía levemente de lado a lado, porque ya me imaginaba lo que venía. El doctor que sí había perdido a su hijo en un accidente de tránsito, lejos de sentirse agradado por la supuesta solidaridad de mi compañero, lo que hizo fue sacarnos de su oficina a gritos.

Cosas como estas me ocurrían cuando me inicié en este mundo. La experiencia me enseñó que no debo hacer preguntas directas, si quiero corroborar alguna información que estoy percibiendo del cliente. Por ejemplo si veo un cuadro del Real Madrid en la oficina del cliente, jamás le hablaría de sus trofeos, resultados y jugadores. Más bien comenzaría preguntándole si sigue algún deporte, y a partir de allí, si para el cliente es importante el Real Madrid será él mismo quien se explaye a hablar de su equipo. El hecho de que tenga la oficina identificada con algún equipo, no quiere decir que sea un fanático activo. Es posible que no sea su oficina, o que lo tenga por complacer a alguno de sus clientes. Peor aún, que lo tenga para recordar a algún familiar que sí era fanático pero que falleció. Es el mismo caso de preguntar la cantidad de hijos cuando se observan retratos familiares en su escritorio. Yo prefiero preguntar acerca del contexto de la fotografía y no de sus protagonistas.

Cuando no tienes información nunca preguntes de forma directa.

3) Tristeza depresiva

Es la consecuencia de constantes y largos ciclos de tristezas. Su accionar se hace incontrolable, y puede generar colapsos depresivos si no la contrarrestamos con paliativos que nos hagan rápidamente sonreír, soñar y aprender. He conocido a muchos vendedores que por no tener claro su *porqué* y *para qué* de vida, se han sumergido en los vicios de la venta, llegando a endeudarse muchísimo para mantener los lujos y excesos, pensando que siempre van a tener el mismo nivel de ingresos. Y ya sabes cuáles son las consecuencias después de estas cúspides económicas, faranduleras y de poder. Por lo menos los casos que conozco terminaron en caídas muy fuertes, que incluso llevaron a esos vendedores a guillotinas emocionales que algunos pudieron superar y otros no.

El beneficio que me ha otorgado esta tristeza no ha sido por una vivencia en carne propia, pero la he visto en los demás. Incluso me ha permitido tener siempre clara *mi razón de ser* en esta fascinante pero complicada carrera de ventas.

Nunca pierdas de vista tu razón de ser.

Esta emoción trae consigo algo muy bueno, dentro de todas sus complicaciones. Ella puede ser la chispa que enciende las mejores decisiones de vida. Así que no la evites, solo manéjala y sácale provecho.

- **Amor**

Muchos vendedores pragmáticos creen que el amor solo se experimenta entre las personas. Aunque, si me preguntan, considero que para tener éxito debemos estar profundamente enamorados de estos tres elementos, que de paso ninguno de ellos son seres humanos: amor al producto o servicio, amor a la empresa y amor al negocio de los clientes.

1) **Amor al producto o servicio**

Lo que vendes habla de ti y por ti es por ello que yo, de un tiempo para acá, me he dedicado a vender cosas con las cuales me siento identificado. Comprendí que es muy difícil amar algo que no me agrada. Sé de muchos vendedores que se dedican a vender productos y servicios a los que no le tienen el más mínimo cariño, pero como les genera buenos ingresos, lo hacen y punto. Yo no soy quién para juzgarlos, pero puedo decir que cuando se hace algo sólo por ganar dinero será muy fácil caer en la avaricia de los negocios que, lícitos o no, generan más y más ingresos. Les preguntaría: ¿Te casarías con alguien solo porque tiene dinero? Hay otros que dicen que les toca hacerlo por la necesidad económica, más que por amor al producto o servicio; es decir, lo ven como una fuente de subsistencia. Y bueno, en algún momento yo creo que a todos nos ha tocado pasar por allí, por las alcabalas de la vida. Situaciones en las cuales no estamos a gusto con lo que estamos haciendo, pero tenemos la esperanza, fe y convicción de que todo va a mejorar. Por ejemplo, para llegar a tener un criterio firme de vender lo que me gusta, también me tocó vender cosas por necesidad, o porque me generaban muy buenos ingresos. Pero con las que realmente dejé huella en el mercado, y se convirtieron en mi tarjeta de presentación, han sido aquellas cosas de las que me enamoré a primera vista, o de las cuales terminé enamorándome.

No importa si es a primera vista, pero para triunfar debes enamorarte del producto.

2) **Amor a la empresa**

La rivalidad entre Ventas y los demás departamentos (Marketing, Compras, Logística, Proyectos, etc.) suele ser algo muy típico en la mayoría de las empresas en el mundo, sobre todo cuando los ingresos de los vendedores pueden llegar a ser muy superiores al del resto. Y aunque es sabroso sentirse como el todopoderoso, porque en la mayoría de los casos los vendedores son los que manejan al cliente, e indirectamente los ingresos de la compañía, también es cierto que una rivalidad con tus compañeros claves en la promoción, suministro, despacho y planeación de tus productos, puede matar todo tu trabajo. Yo siempre evité estos enfrentamientos absurdos, pero para lograr erradicarlos de raíz me paseé por acusarlos con los jefes cuando no hacían lo que les correspondía, escuchar todos sus cuentos sentimentales, y hasta ofrecerles parte de mis ingresos, con el único propósito de cumplirle al cliente lo que se le prometió. Pero nada de eso funcionó. Entendí que lo mejor era el reconocimiento, valorar su esfuerzo y enseñar de la mejor manera. También que debía hacer que todas las piezas se engranaran al mejor estilo de un reloj suizo, eso es amar a la empresa.

El ambiente en la empresa lo hace uno mismo.

3) **Amor al negocio de los clientes**

Hay vendedores que se llenan la boca diciendo que los clientes son la razón de ser, que los clientes son lo más importante, y hasta que darían la vida por ellos, cuando en el fondo ni siquiera conocen a profundidad los negocios de ellos. Es hora de entender que aquí la prioridad no es cuánto les vendes tú. Lo importante es cuánto más llegará a vender tu cliente con los productos o servicios que le vas a ofrecer, ese es el verdadero desafío. Entonces saber quién es su cliente principal, cuáles son sus puntos de ventas más importantes, o el tiempo de rotación del inventario no será suficiente. Te invito a considerar algo que a mí me ayudó mucho a planificar mejor la inversión de los clientes y, por ende, a venderles más; *El CAPEX* (CAPital EXpenditures o gastos de capital) y el *OPEX* (OPerating EXpense o gastos operativos). Tener esta información es una mina de oro, y claro, no la obtendrás de todos, porque aquí te adentras en sus movimientos financieros, pero si la logras obtener podrás decidir cuánto, cuándo y hasta cómo te debe comprar el cliente.

Lo importante es cuánto vende tu cliente.

Esto es amar la venta, esto es amarnos a nosotros mismos. Así que mientras más te involucres en esta historia de amor, más pleno te sentirás. Eso sí, antes de lanzarte a ciegas, asegúrate de que la venta también te ame a ti, es decir, que dé resultados o que por lo menos siempre se obtenga algo, así no sea dinero.

Recuerda que no se trata de controlar el miedo, alegría, rabia, tristeza o amor, se trata más bien de administrar esas emociones, para sintonizarse con las necesidades del cliente. Por ejemplo, si el cliente está rabioso, no puedes llegar alegre porque lejos de tranquilizarlo lo puedes alterar aún más. Aquí lo que pudieras hacer es activar la escucha, dejar que se desahogue y no permitir que esa emoción te afecte. Solidarízate pero no te involucres, y ya verás que después podrás cambiar su estado emocional al que más te convenga. Presencié casos de vendedores que se dejaron invadir por la tristeza de los clientes y terminaron sin concretar la venta.

Por otro lado, recuerda que otro factor determinante para convertirte en *artista de la venta* es la creatividad, no hablo de inventar el agua tibia, sino más bien de sacarle provecho a lo ya inventado, abrir la mente y encontrar siempre una alternativa para negociar.

Finalmente, el último punto de este capítulo es algo que veremos más adelante y que denominaremos tu PUVA (Propuesta Única de Valor Agregado).

Esta fase artística del vendedor tiene foco en él mismo; crear desde adentro para impactar hacia afuera, emocionarse para emocionar y dejar huella personal para ser recordado. Sin embargo, eso no lo es todo. Las ventas de grandes ligas no dependen solo del autocontrol del vendedor, también hay que tener dominado el entorno del cliente. Esto lo desarrollaremos en el siguiente capítulo.

No todo es arte en la venta.

Capítulo VI
El ingeniero vendedor

Si los artistas plásticos, músicos y cineastas me subestimaron al principio, cuando les hablaba de la fusión que quería lograr entre la venta y el arte, te podrás imaginar los cuestionamientos, críticas y burlas que recibí de parte de los catedráticos, profesores y profesionales de la ingeniería, cuando les planteé que la segunda etapa de un vendedor profesional consistía en convertirse en un *ingeniero de la venta*.

Hay negocios que para ganarlos hay que ingeniárselas.

Lo que para mí parecía obvio, después de dos años de experiencia en las consultoras de ingeniería más importantes del país, seis años de estudio académico en la universidad, y casi toda la vida aprendiendo por observación, para ellos, "los expertos", resultaba imposible; conectar su mundo pragmático con la pasión del vendedor.

Será que no me supe explicar. No pretendía, y nunca pretenderé mezclar el agua de una ciencia tan precisa como la ingeniería, con el aceite y la flexibilidad del vendedor. Por el contrario, yo quería extraer lo mejor de ese mundo para llevarlo al plano de los negocios.

Tuvo que venir la fama, reconocimiento y prestigio para que aquel planteamiento de *El ingeniero de la venta* fuese considerado como parte de la profesionalización del vendedor.

Cría fama y acuéstate a dormir.

Desde que tengo uso de razón he tenido contacto con la ingeniería eléctrica. Recuerdo que acompañaba a mi papá a *matar tigres*. Generalmente lo hacíamos los fines de semana o en las horas extras para que no interfiriera con su trabajo formal, ni con mi colegio.

Los *tigres que mataba* mi papá eran trabajos de electricidad menores en casas y oficinas, gracias a su experiencia, de más de cinco años, como técnico electricista en la compañía eléctrica local y a la necesidad de tener un ingreso extra, para poder cubrir las necesidades de las cinco bocas de nuestro grupo familiar.

Mi trabajo consistía en pasarle la cinta plástica aislante, buscarle agua cuando se quedaba sin aliento, y recibir con buenos modales las golosinas y bebidas achocolatadas que me ofrecían sus clientes. Y a pesar de que mis responsabilidades fueron creciendo con el tiempo, aprendí algo a los ocho años: *La electricidad mata, los negocios también*.

La electricidad mata, los negocios también.

Lo de la electricidad lo aprendí por lo que me decía mi papá, y por escuchar los cuentos de sus amigos. Lo de los negocios lo supe por las historias trágicas de telenovelas, películas y personas cercanas que hasta les quitaban la vida por propiedades, herencias y negocios.

Esto quedó aquí. Mi papá una vez terminó sus estudios universitarios, ejerció su profesión de contador público y dejó la electricidad de un lado. Y yo, por consiguiente, también.

Afortunadamente hay cosas que nunca se olvidan.

Diez años más tarde, me encontraba decidiendo la carrera que iba a estudiar en la universidad. Coqueteaba con varias opciones, pero la Ingeniería Eléctrica me conectó con mi tío Goyo. Un hermano de mi mamá que había estudiado ingeniería electrónica, y que por su talento extraordinario había trabajado en Francia, Alemania y Egipto.

Recuerdo que estaba sentado en frente de una de las computadoras de la biblioteca de la UNIMET, la que después me acobijaría en el sofá de uno de sus pasillos para recuperar las pocas horas de sueño que la carrera me dejaba. Justo allí mientras me estaba preinscribiendo, recibí un correo electrónico proveniente de El Cairo, era la respuesta de mi tío Goyo con respecto a la selección de mi carrera. Decía: "...hijo, las carreras clásicas, como la ingeniería eléctrica tienen mayor rango de acción que las carreras modernas como la ingeniería en telecomunicaciones".

Suficiente información para dejar de un lado la carrera de moda en aquel tiempo: Ingeniería en Telecomunicaciones. Además en la universidad donde la dictaban no había quedado seleccionado en esa carrera, tenía que estudiar un año de Derecho y, si mis calificaciones me respaldaban, me podían otorgar el cambio.

A veces se necesita de un empujón adicional para tomar las decisiones.

Así comenzó mi transitar por la Universidad Metropolitana de Caracas, una institución repleta de estudiantes con los apellidos más importantes de Venezuela, e incluso de Hispanoamérica. Su estilo vanguardista, orientado a desarrollar la capacidad emprendedora y empleadora de su estudiantado, la convertían en la institución más codiciada para los que querían adentrarse en el mundo de los negocios. Y yo, sin conocer mucho de ella, corroboré una vez más cómo Dios y la vida premiaban la perseverancia que mi papá había desarrollado en mí.

En sus pasillos, escaleras y salones, se respiraba dinero. Se lucían piezas de última colección de los diseñadores más importantes del mundo, y se escuchaban los sonidos de los más sofisticados *gadgets*. Ni hablar de la exposición de automóviles de último modelo.

En este mundo de la alta alcurnia, las reuniones para estudiar eran en mansiones con muebles Luis XV, ascensores internos, y no menos de cinco empleados en casa.

De aquellos tiempos me quedó claro que no todo lo que brilla es oro, y que la felicidad no la compra el dinero, porque así como tenían mucho, la mayoría carecía de todo, especialmente del amor de sus padres.

Cuando se nace en cuna de oro, la humildad viene en el ADN.

Tuve amigos que por sus padres estar *enchufados* con el gobierno, es decir, por realizar grandes negocios con los políticos del llamado Socialismo del Siglo XXI, exhibían de la noche a la mañana de todo, menos humildad.

También conocí gente muy humilde, con orígenes muy parecidos al mío, pero con una apariencia muy distinta, con olores nada agradables, y ni hablar de la *auto discriminación* social que se imponían. Eran ellos los que se alejaban del entorno. Eso me enseñó que la pobreza tiene varios niveles, pero la peor es la mental y esa no depende del bolsillo.

La pobreza tiene varios niveles, pero la peor es la mental
y esa no depende del bolsillo.

Mis relaciones sociales se hacían más sólidas y mi carrera ya no sólo me servía para saber el valor de las corrientes de cortocircuito de una malla de puesta a tierra. Estaba cultivando el vínculo comercial con muchos de mis futuros clientes.

Cuando me refiero a relaciones sociales, no estoy hablando solamente de mis compañeros de clase con los súper apellidos, aquí incluyo a los profesores, empleados de la universidad y, por supuesto, al rectorado. Cuántos errores tontos que podían afectar dramáticamente mis calificaciones me corrigieron profesores en pleno examen, solo por ser mis amigos. Cuántos privilegios gozábamos mis amigos y yo por dar los buenos días al personal de limpieza, conversar con ellos de su familia, o simplemente regalarles una sonrisa. Es más, eso llegaba hasta las máximas autoridades, porque nuestras voces de mejora en los planes de estudio se convirtieron rápidamente en reformas profundas.

Eso sí, para saber relacionarse a diferentes niveles hay que hacer *Pielpatía* y desarrollar el *Seniority*. Es fundamental conocer los códigos jerárquicos, el léxico y la cultura general para poder codearse al mismo tiempo con todos los estratos sociales y, por supuesto, ingeniárselas. Algo que hacen muy bien los ingenieros.

Esta etapa, además de Luijo, me trajo la enseñanza de que las relaciones te cambian la vida, y que gracias a estas vivencias tempranas, con relaciones a todo nivel, pude prepararme para el mundo de relaciones públicas que me venía.

Hay clientes que solo le podrás llegar si te sabes relacionar.

Unos años más tarde ya con el título de ingeniero en el armario de mi cuarto, me tocó conocer lo que llaman Ingeniería de campo. Trabajaba para una de las consultoras de ingeniería más importantes del país. Estaba bajo un sol inclemente, siguiendo una línea de distribución eléctrica de centenares de kilómetros en los bosques de las afueras de la ciudad hidroeléctrica de Venezuela, Puerto Ordaz. Y a pesar de lo rudo del trabajo, siempre quedaba tiempo para reflexionar y, entre tantas cosas que me venían a la mente, había una que retumbaba estruendosamente, la mayoría de los ingenieros eran geniales técnicamente, pero casi ninguno sabía vender su talento y conocimiento.

Esto lo atribuyo no solo a un tema personal sino también a una situación sociocultural, porque en la llamada *Venezuela saudita*, por allá en los años setenta -cuando yo ni siquiera había nacido- el incremento en los precios internacionales del barril de crudo, y otros factores, trajeron consigo grandes oportunidades de desarrollo profesional para los que se encargarían de la estatal petrolera y de sus empresas derivadas.

Esa fue una de las mejores épocas para los profesionales, y en especial para los ingenieros, por su aporte vital a la principal fuente de ingreso del país. Es por ello que muchos padres de esa generación incitaban -e incluso obligaban- a sus hijos a estudiar ingeniería. Prácticamente no tenían que salir a venderse, sino que más bien las empresas darían lo que fuese por contar con ese tipo de profesionales. Definitivamente, eran otros tiempos. Ahorita quien no sabe venderse, jamás se dará a conocer.

Quien no sabe venderse, jamás se dará a conocer.

Eso sí, tenían lo necesario para cualquier vendedor que deseaba avanzar a la siguiente etapa de la venta: pensamiento estructurado, planificación y anticipación.

Durante mi estadía en Puerto Ordaz, en el mismo proyecto, me tocaba medir la distancia entre las torres eléctricas con un dispositivo que me parecía anticuado, pero según mis supervisores era el más efectivo. Se trataba de una rueda de medición con soporte tipo bastón, que permitía sostenerlo en la mano mientras se caminaba el recorrido. Algo que, a mi juicio, podía hacerse sin caminar abriendo la puerta del auto y desplazándonos lentamente haciendo contacto con el asfalto desde el punto de inicio de la primera torre hasta la siguiente. Y como buenos jefes, me dejaron hacer la prueba y me hicieron compararlo con la medición manual caminando.

Más sabe el diablo por viejo que por diablo.

Los resultados fueron bastante diferentes. Por más buen ojo que uno pueda tener, nunca se recorría la misma distancia en auto que a pie, ya que las líneas eléctricas no están completamente paralelas a la vía de circulación de los automóviles. Este error de cálculo en la ubicación y separación de las torres eléctricas podía ocasionar problemas serios en el cálculo de la cantidad de cables. Por ende, un gasto innecesario para la empresa que nos había contratado para hacer el estudio de toda la línea de distribución, lo que repercutía directamente en nuestro desempeño como Consultora. Un pensamiento de este tipo, tan estructurado, solo puede venir de la mente de un ingeniero.

Ni hablar de la planificación, especialmente la de recursos financieros, técnicos y comerciales con la que cuentan los ingenieros. Mi jefe de aquellos tiempos era capaz de calcular, con precisión, la cantidad de días que nos tomaba cada proyecto. Su planificación solo tenía una leve desviación cuando los fenómenos naturales como lluvias, elevación del caudal de agua de ríos u obstrucciones en la vía nos jugaban una mala pasada, pero aun así siempre tenía algunas horas adicionales de imprevistos.

Después me enteré, cuando tuve acceso por error a la hoja de cálculo con la que se le vendía el proyecto al cliente final, que la razón de ser de esa planificación extrema radicaba en que el trabajo se cobraba por la cantidad de horas hombre que ejecutaba cada ingeniero y que mi ingreso mensual era apenas una centésima porcentual de lo que cobraban por mí.

Para las empresas los colaboradores siempre serán un número.

Si de anticipación se trata, creo que los buenos jugadores de billar les ganan a todos los ingenieros que he conocido, con su capacidad de pegar en un solo golpe a tres bolas.

Y de allí fue de donde potencié esa capacidad de estar un paso adelante, que ya por ser ingeniero está desarrollada. Pero cuando juegas billar la puedes potenciar aún más. Casi todas mis tardes de los viernes, de mi último año en el bachillerato, las pasaba en billares. Adoraba mezclar la trigonometría con la delicadeza y la fuerza al mismo tiempo. Así que si quieres anticiparte, ante cualquier situación de vida, el billar puede ser tu solución.

De estas tres etapas tan diferentes de mi vida, la ingeniería eléctrica jugó un papel determinante: con mi papá, cuando tenía ocho años; en la universidad, a partir de los dieciocho; y en la ingeniería de campo a los veintitrés. Me permitió ser, más adelante, un mejor vendedor.

El aprendizaje solo se detiene cuando tú quieres.

Posteriormente, cuando me tocó enfrentarme al mundo de las ventas de nivel, a los veintiséis años, me di cuenta que habían negocios que no lograba concretar con mi faceta artística en su máxima expresión. Para estar a ese nivel, me toco desarrollar cinco aspectos:

CRÉETE EL CUENTO

Mi abuela paterna me decía: "Mijo, si usted no se cree el cuento, no lo eche". En las grandes ligas de las ventas es fundamental que estés convencido y seguro de ti mismo. Para un cierre efectivo de una venta lo primero que debe hacer es concebirlo en tu mente y estar seguro que lo vas a lograr.

Para lograr hacer primero tienes que imaginar.

Debes llenar la mente de pensamientos positivos. Para lograr hacer, primero tienes que imaginar. Es muy fácil contagiarse de la negatividad, al revisar las noticias y conversar con gente que, aun estando en las mejores condiciones socioeconómicas, se dedican a ver el punto negro en la hoja blanca.

Las nubes negras siempre tienen un problema para cada solución.

Yo he optado por alejar el pesimismo, la apatía y el conformismo de mi vida. Aprendí a rodearme de gente que me sume.

Escucha tu corazón, cree en ti y ya verás como aparece la esperanza, alegría y fe. Esto repercutirá en más cierres de ventas, sobre todo cuando tomas en cuenta algunos aspectos muy sutiles del lenguaje corporal y del comportamiento humano, que a continuación detallo.

HAZTE AMIGO DE LA SERVILLETA

En ciertos tipos de ventas no existe un documento formal. No hay sellos húmedos, ni mucho menos estados financieros, más que la palabra de quien se compromete. Para llegar a este punto con tus clientes tu relacionamiento tiene que ser del más alto nivel. Ya no sólo debes ir a las parrillas los fines de semana, asistir a sus eventos familiares o estar en la fiesta de fin de año de sus empresas. Ahora tienes que estar en la intimidad, te toca abrir tu mente para asistir sin prejuicios a prostíbulos, compartir con sus amantes y hasta conocer sus jugadas financieras para pagar menos a sus colaboradores. Claro, sin quebrantar tus principios.

Con esto no estoy diciendo que te prostituyas, que seas infiel a tu pareja, ni que mucho menos quebrantes las leyes. Me refiero a que expandas tus paradigmas. Si este tipo de negocios de grandes ligas no caben en tu cabeza mucho menos cabrán en tu bolsillo. Entiendo que algunas personas prefieren tirar la toalla y dejar el mundo de las ventas. Allá ellos, porque esto precisamente es la razón por la cual pocos son los elegidos.

Si no entra en tu mente no entrará en tu bolsillo.

Si todavía te estás preguntando acerca de las cantidades del producto, tiempo de entrega y forma de pago inherente a esa venta, te invito a que aprendas a usar las servilletas de papel. Me refiero a que practiques realizando propuestas de tu producto o servicio en ese espacio diminuto y tan difícil de usar. Si ejerces mucha presión se rompe y si haces énfasis en un punto la tinta podría manchar hasta el mantel de la mesa.

Con todo y los avances de la tecnología, especialmente en la evolución de los *gadgets*, no hay tableta, reloj inteligente ni teléfono celular que supere a la servilleta. Sobre todo en este tipo de negocios tiene mucho sentido usarlas, porque la escritura en papel es la única que no podrá ser hackeada tan fácilmente. Claro, no es el único lugar para escribir, pero es el más común debido a que este tipo de ventas generalmente se cierran en ambientes sociales, fuera de las oficinas y en esos sitios nunca faltan las servilletas.

Después de aprender esto iba a estas reuniones con servilletas de repuesto, ya que mientras los meseros las reponen se podía perder un negocio. Al tiempo comprendí que llevar el control de las servilletas era muy difícil, por más registro fotográfico que hiciera. Por eso llevo conmigo además de todos los *gadgets* que adoro y disfruto, una libreta de mano y, por supuesto, mi bolígrafo.

Nunca puede faltar la libreta de mano y el bolígrafo.

Mis clientes tienen la opción de hacer anotaciones en los *gadgets*, en mi libreta o en la servilleta que todavía llevo en mi bolsillo.

ATENCIÓN AL PARPADEO

Hay quienes no confían en las personas que no parpadean. Esto obedece a una respuesta psicológica de los seres humanos. El parpadeo, además de un reflejo natural, corresponde a un acto de afirmación. Si tu interlocutor no parpadea es sinónimo de que no está siguiendo el hilo de la conversación.

El primero que exprese su emoción pierde.

En las ventas, y especialmente con aquellos clientes que aprendieron que el primero que exprese su emoción pierde, este detalle del parpadeo puede ser crucial. Porque si lo que conversas con tu cliente no está generando ningún tipo de movimiento en sus párpados -por muy leve que sea- más allá del natural, se pudiera entender como una falta de atención e interés a lo que está diciendo. Así que es momento de cambiar el ritmo, el tono o el tema.

Haz que tus palabras generen sonrisas y emociones como lo hacen las canciones.

De igual forma, está el caso de la apertura de los ojos, a pesar de que el cliente esté entrenado para no expresar sus emociones, siempre abrirá los ojos, así sea muy levemente, en señal de sorpresa. Es bueno evaluar si esta sorpresa está bajo nuestro control o tal vez tenemos que desviar radicalmente el curso de la conversación. Nunca falla un chasquido de los dedos en señal de que se acordó de algo.

Cuando comiences a poner en práctica esto tienes que tener cuidado con hacer demasiado énfasis en tu mirada al momento de revisar el parpadeo o la apertura de los ojos. A medida que lo haces consciente verás que se convertirá en algo muy fácil y rutinario de manejar.

Mientras detallas el movimiento de los párpados también debes escuchar su silencio. Al pensar inconscientemente producimos expresiones y gestos corporales que acompañan a este movimiento de afirmación o sorpresa, como es el caso del siguiente aspecto que trabaja con el canal kinestésico de la Programación Neurolingüística.

SINCRONIZA LA RESPIRACIÓN

Lo primero, es detectar la respiración de tu cliente. Algunos lo hacen por observación, aunque considero que lo más prudente es hacerlo a través del *feeling*. Porque a no ser que el cliente tenga una deficiencia respiratoria, o una congestión nasal, siempre aparecerá un suspiro o respiración profunda involuntaria cuando sienta conexión con lo que le dices.

Los suspiros no sólo son síntoma de enamoramiento.

De la misma manera ocurre con la velocidad de la respiración del cliente, siempre y cuando no tenga una deficiencia respiratoria. Así como cuando se hace ejercicio el cuerpo consume más oxígeno y produce más dióxido de carbono, lo cual obliga a aumentar la rapidez de la respiración y circulación para hacer frente a esta demanda adicional, con el esfuerzo mental también sucede algo similar. Especialmente en ventas, cuando toca hacerle experimentar al cliente el placer de obtener su producto o dolor de no comprarlo ahora.

Lo que te toca hacer una vez que identifiques el ritmo de la respiración del cliente es alinearlo con el tuyo, para crear condiciones idóneas que te permitan negociar y vender, independientemente del precio del producto, de los tiempos de entrega, y de la afinidad que pueda tener con la competencia.

A continuación una guía práctica para lograr esto:

- Si tu cliente está respirando rápido y tu intención es crear un ambiente de paz y tranquilidad para venderle un crucero por el mediterráneo, antes de explicar sus bondades, acelera tu respiración hasta que estén sincronizados, mientras conversas de temas de interés del cliente que no tengan nada que ver con el producto. Cuando ambas respiraciones estén alineadas, comienza a bajar progresivamente el ritmo de tu respiración y ya verás cómo también se disminuye la suya. Cuando alcancen un ritmo que consideres prudente, comienza a mostrar tu producto. Cuidado con bajar tanto el ritmo que provoque un estado de sueño o desinterés. Si por casualidad su respiración esta al ritmo idóneo cuando llegaste, no hables del producto, sincronízate y luego destácate.

- En caso de que el cliente esté respirando lento y desees crear un ambiente de inmediatez para vender acciones en la bolsa, realiza el mismo proceso anterior, pero en ascenso. Nivela tu respiración con la del cliente. Ve subiendo progresivamente la velocidad mientras conversa sobre temas de interés. Cuando llegues al ritmo que consideres apropiado, habla de tu producto. Recuerda que estás trabajando con el dolor que le puede generar no tomar la decisión en ese momento. Atención con subir tanto el ritmo que provoque en el cliente un estado de excitación tal que se olvide del negocio. Si al llegar a la reunión el cliente ya está en la frecuencia correcta, recuerde alinearte a esta antes de vender.
- Cuando se busca una respiración neutral en el cliente lo más prudente es identificarla y subir o bajar el ritmo de su respiración de acuerdo a lo que vas a vender.

HAZLE GIRAR SU CABEZA

El cliente debería girar su cabeza en la misma dirección de tus palabras. Quizás no va a tener contacto visual contigo, porque cuando se escucha no necesariamente hay que ver.

Para escuchar no hace falta ver.

Si por el contrario, el cliente no posiciona su oído en la dirección de tus palabras, probablemente no te esté escuchando. Para evitar esto, lo que hago es:

- Hacer silencio abruptamente y esperar su reacción.
- Cambiar el canal de comunicación de auditivo a visual, mostrándole el producto sin emitir ninguna palabra.
- Cambiar el canal de comunicación de auditivo a kinestésico, haciéndole sentir una experiencia relacionada con el producto.

Eso sí, yo ejecuto una acción a la vez, para saber si es un error en el canal de comunicación, o definitivamente es desinterés en la conversación. En ese caso opto por cambiar el tema y reconectarme de otro modo con mi producto.

El último punto a considerar, para hacerte un *Ingeniero Vendedor* es convertirte en un maestro de las relaciones. Atrévete a construir relaciones a cualquier hora, en cualquier momento y en cualquier lugar. No sabes si alrededor de ti está orbitando el negocio que va a hacer cambiar tu vida. Y si te da miedo, hazlo con miedo, pero hazlo.

Si te da miedo, hazlo con miedo, pero hazlo

Otra forma de hacer relaciones es a través de amigos. Ellos a su vez conocen personas que pueden ayudarte muchísimo a cerrar grandes negociaciones y, por qué no, se pueden convertir en tus clientes.

Muchos creen que una gran agenda telefónica te hace un buen vendedor, yo creo que más que tener una gran agenda es estar en las agendas de los clientes. Puedes decir que tienes muchos amigos, pero ¿cuántos de tus clientes te consideran su amigo?

Al tener el control de ti mismo, y del entorno que rodea a tu cliente, será mucho más fácil gerenciar las decisiones de compra como lo veremos a continuación.

Capítulo VII
El gerente vendedor

La gerencia juega un papel fundamental para manejar a los clientes. En esta etapa aprenderás a planificar, organizar, coordinar, dirigir y, especialmente, controlar las decisiones de compra de los clientes.

Para gerenciar a los demás debes gerenciarte a ti mismo.

Gerenciar a un cliente no es decirle lo que tiene que hacer. Más bien es inspirarlo a que lo haga. Para lograrlo debes tener a mano las siguientes cinco herramientas.

NEGOCIA CON EL EGO

Me imagino al ego como un pasajero en una motocicleta que no nos deja conducir. Cuando uno quiere girar a la derecha, él quiere ir a la izquierda, cuando quiero detenerme, insiste en seguir. Es posible que el ego esté decidiendo por ti, por eso debes hacerte consciente de su existencia.

No se puede negociar con lo que no se conoce.

El primer paso es identificarlo antes de comenzar a negociar. En mi caso, lo reconocí después que el mal estaba hecho. Me refiero a mi primera experiencia, gerenciar a mis hermanos.

Hasta los cinco años, cuando nació mi hermana Raylé, fui el príncipe de la casa. Luego me tocó compartir el principado con ella y crear un ecosistema perfecto entre sus *barbies*, mis soldaditos y las pelotas de béisbol para llevar la fiesta en paz. Un día no quise jugar con ella y me golpeó con una de sus *barbies* en la espalda y se le desprendieron las piernas. Lo peor fue que le dijo a mi mamá que había sido yo quien rompió su muñeca. Pero cuando nos tocó ir al colegio me convertí en su protector. Mis amigos le decían goma de mascar, siempre pegada a mí. Aprendí a quererla y a respetarla, algo que me funcionó muchísimo para lo que vivimos más adelante.

Para asumir riesgos hay que estar preparado.

A mis ocho años se incorporó a nuestra familia un integrante más, mi hermano Jesús. Con él nació la esperanza de tener un hermano al cual enseñarle a jugar béisbol y todas las cosas que a los varones nos apasionan.

Cuando él tenía casi dos años fuimos a la playa. Dentro del mar lo llevé agarrado de mi espalda poco más profundo de lo recomendado. En un descuido de mis papás, nos revolcó una ola que nos arrastró hasta la orilla. Por escasos segundos, entre la espuma y la desesperación, no lo encontrábamos. Por fin vimos sus pies casi al otro extremo de la orilla. Afortunadamente, no le pasó nada más allá del susto. Ese día aprendí que para asumir riesgos hay que estar preparado.

Con el paso de los años fuimos creciendo con la supervisión de mamá, quien pasaba mucho más tiempo con nosotros. El mensaje siempre era el mismo: "Luis, tú eres el mayor, debes cuidar a tus hermanos". Comencé a tomar el control de esa pequeña organización que contaba con tres maneras de pensar muy distintas, pero con un lazo de amor muy fuerte.

Eso sí, para hacer que siguieran mis instrucciones tuve que conocerlos a profundidad. Raylé, por su forma de ser, siempre ha sido más dura, con ella podía hablar *a calzón quitao*, directo y conciso, pero tocaba negociar más. Cuando crecimos nos tocaba compartir el auto para ir a la universidad. A pesar de que nuestras casas de estudios quedaban muy cerca y coincidíamos muchas veces en los horarios en la mañana, no era fácil salirme con la mía. Me tocaba venderle muy bien la idea para poder quedarme con el carro.

Jesús, por su parte, era más susceptible. Tenía que hablarle con mucho tacto y delicadeza, pero es más dócil de llevar y casi siempre cedía con mayor facilidad que mi hermana. Con él era necesario conectar con sus emociones, conocer su estado de ánimo y no ser tan directo. Su nivel de responsabilidad era muy alto. A sus dieciocho años le entregué mi primer auto, él nunca lo tomó como un regalo. Con los ingresos que producía vendiendo tortas fue capaz de pagar todas las mensualidades de la hipoteca del carro.

El respeto no se gana por jerarquía.

Más tarde me di cuenta de que el ego me conducía. Creía que por ser mayor podía lograr que hicieran lo que yo quería. Cuando estaban pequeños los subcontrataba para lavarle el auto a mi tía y les pagaba a ellos una pequeña porción. Al crecer me tocó negociar con mi ego para comprenderlos y no imponerme.

Afortunadamente pude entender eso a tiempo. Cuando me tocó lidiar, más adelante, con los reclamos de los clientes, fue más fácil comprender que no me tenía que dejar llevar por el pasajero en mi motocicleta.

Aplacar el ego te permite desarrollar la escucha activa.

Cuando un cliente reclame algo no respondas sin pensar. Así no haya sido tu culpa, no hables mal de tu empresa ni de tu equipo, lo más prudente es callar y buscar la manera de ayudarlo. Al tomar el control de tus propias decisiones estás aplacando el ego y le das paso a la siguiente herramienta.

HAZ QUE FLOREZCA LA LIBRE CONSCIENCIA

Como los mencionamos, muy pocos vendedores vivimos en tiempo presente. Cuando no estamos saboreando la ansiedad, mezclada con la incertidumbre de algo que aún no ha sucedido, estamos al borde de la agonía, fusionada con la frustración de algo que nos ocurrió y que no queremos que nos vuelva a suceder.

El futuro es incierto y el pasado no se puede retroceder.

Si bien es cierto que el futuro genera mucha angustia, debemos estar conscientes que no es real, porque aún no se ha materializado. Por otro lado, el evitar volver a tropezarnos con la misma piedra nos protege, pero no nos garantiza que algo peor no nos vaya a suceder. Lo que tenemos que hacer es vivir el hoy, el ahora, disfrutar de cómo se llenan los pulmones de aire, del sol en las mañanas y de lo que somos. De esta manera estamos dejando fluir y liberando la libre consciencia.

La fe hace que las cosas fluyan.

¿No te ha pasado que le pones mucho empeño a algo y no se da, pero si liberas un poco la presión se da como por arte de magia? Muchos vendedores confunden desistir con falta de perseverancia, constancia o interés. Resulta que hay cosas que podemos controlar y otras que no. Trabaja en lo que está a tu alcance y lo demás déjaselo a la fe, que no es más que la convicción de creer en algo que no se ve como la corriente eléctrica, pero que sí se siente.

La fe no se ve pero sí se siente.

A mí me pasaba mucho al momento de gerenciar a mis hijos, a *Los Cursis* en el colegio, y al Centro de Estudiantes en la universidad. En el caso de mis hijos, la experiencia gerencial ha sido una de las más complejas, con el tema de dejar fluir y hacer que florezca la libre consciencia. La mayoría de los padres no queremos que nuestros hijos cometan los mismos errores que nosotros. Lo que a veces no nos damos cuenta es que ellos, y sobre todo la generación «Y» y «Z», quieren tomar sus propias decisiones.

Obedecer una orden de mis padres era una condición *sine qua non*. No cabía el rechazo a sus instrucciones, así no estuviese de acuerdo. En la generación de mis hijos, que nacieron en el siglo XXI, toca saber venderles la idea. No se quedan con un simple "Esto es así y punto" como me decían a mí. Con ellos hay que negociar, argumentar y debatir para llegar a un acuerdo. Eso si no quieres usar la fuerza bruta, que tampoco funciona en estos tiempos.

La venta suprime la fuerza bruta.

Cuando Luijo tenía alrededor de cinco años no le gustaba bañarse. Ya cansados de obligarlo, un día mi mamá y yo decidimos no decirle nada. Al ir al colegio, al día siguiente, las bromas que le gastaron sus compañeros -por las marcas de sucio en sus manos- lo obligaron a desarrollar libremente la consciencia de bañarse para siempre.

Con Ivanna y Victoria fue más difícil. El tema no fue la ducha, sino más bien la libertad ilimitada que querían tener cuando ambas aprendieron a caminar. A pesar que se llevan dos años de edad, les encantaba caminar libremente en cualquier sitio público. Eso no me dejaba estar tranquilo. No me permitía disfrutar de una cena en un restaurante o pasear por un parque o centro comercial. Lo que me tocó hacer aquí fue más extremo. Cada vez que abría la puerta de la casa salían corriendo a montarse en el ascensor, así que un día marqué el primer piso y dejé a Ivanna, de un año, sola en el ascensor, mientras bajé corriendo por las escaleras. Lo mismo hice con Victoria dos años más tarde. El llanto tan desaforado de ambas les hizo entender que no debían andar sin la supervisión de un adulto. Y a pesar de que el florecimiento de la libre consciencia en este caso estuvo un poco forzada, la solución fue definitiva.

Para que florezca la libre consciencia a veces toca presionar un poco.

Estas experiencias con mis hijos me recuerdan que así como hay que dejar fluir los negocios, en ocasiones hay que echarles un empujón para que se concreten. No hay una regla para esto. He podido comprobar que la presión se debe ejercer en espacios cortos de tiempo. Es por ello que cada vez que considero que una venta se está enfriando y se requiere forzar un poco, estoy preparado para otorgarle al cliente algo adicional – un descuento, una mejora en el tiempo de entrega o mayores beneficios en la compra. Esto se puede perfeccionar cuando sabes manejar muy bien el pensamiento sistémico, que es la tercera herramienta.

DESARROLLA EL PENSAMIENTO SISTÉMICO

Cada vez que a uno le toca administrar recursos está gerenciando. Mi primera experiencia corporativa fue en *Siemens*. A pesar de que mi responsabilidad principal era vender, mi cargo de *Account Manager* abarcaba mucho más.

Entré a *Siemens* en el 2006, luego de una gran controversia porque venía de trabajar en la competencia directa: *Gevenmed*. En ese momento no tuve la suficiente valentía para decirles a mis jefes que me iba a trabajar en la competencia que, por cierto, quedaba en el edificio situado enfrente. Era literalmente, cruzar la calle y cambiarme de bando.

La mentira tiene patas muy cortas.

Opté por decirles que me iba a independizar, pero lo que hice fue prolongar unos días más el estallido de la bomba de tiempo. Ir de una empresa a otra no es cambiar de oficina, compañeros y lugar de parqueo del auto, esto equivale a pasarse del Real Madrid al Barcelona. En ese tiempo en Venezuela solo existían tres empresas que podían dotar la unidad de imagenología de un hospital completamente. Si un vendedor se ganaba la venta de un resonador magnético, le sacaba del bolsillo de los vendedores de las otras dos empresas, no menos de treinta mil dólares. No es que la empresa no pierda, pero el más afectado es el vendedor porque es su única fuente de ingreso.

Lo cierto es que llegué a *Siemens* con todos los honores que ameritaba haber extraído un recurso de la competencia. Recuerdo que cada vez que iba al baño en *Gevenmed* tenía un ventanal que daba al edificio de *Siemens*. Allí se me iban los minutos, mientras hablaba por teléfono, contemplando la grandeza de una empresa, que era la única que operaba de manera directa en Venezuela. Trabajar en *Siemens* era ser parte de la transnacional alemana. *Gevenmed* era líder del Mercado, pero no dejaba de ser una distribuidora local.

Las decisiones más difíciles de tomar cambian la vida.

Mi salida de *Gevenmed*, aparte del problema que estaba a punto de estallar, fue una gran sorpresa. En apenas cinco meses había sido ascendido a la élite de vendedores, después de haber estado al borde del despido. Y tal como conté, seguramente, este movimiento me hizo visible ante *Siemens* para entrar a las grandes ligas de las ventas.

En medio de una tensa calma, y una semana de adaptación a la nueva cultura organizacional de *Siemens*, cuando eran casi las doce del mediodía, mi asistente dijo: "Luis, tiene una llamada..." Eso me pareció muy extraño, porque ni siquiera sabía cuál era el número de la oficina. Eran mis antiguos jefes, lo único que les faltó fue insultarme. Su molestia se convirtió en amenazas que atentaban con mi permanencia en *Siemens*. Incluso llegaron a hablar de manera privada con mis nuevos jefes para evitar mi continuidad en esa empresa.

Afortunadamente, el Director Carlos Vallejos, no cayó en ese juego. A pesar de toda esta nube gris, apostó y creyó en mí. Ante ese ingreso tan atropellado, lo único que me quedaba era demostrarle que no se había equivocado. Ya no había vuelta atrás. Paradójicamente, Vallejos terminó trabajando después que salí de *Siemens* en *General Electric*, en Chile.

El pensamiento sistémico puede evitar muchos dolores de cabeza.

Estoy seguro que si hubiese conocido la utilidad del pensamiento sistémico en ese momento, no hubiese pasado por el trago amargo en el que sumergí a las dos empresas.

El pensamiento sistémico permite anticiparse a lo que todavía no ha ocurrido. Dicho de otra manera, ayuda a visualizar hasta dónde llegar y saber qué hace falta. Antes se pensaba que los gerentes, con facultad de predecir el futuro, eran videntes o superdotados. Pero la respuesta está en la preparación. Cuando se desarrolla la aptitud a un nivel supremo es posible saber qué va a pasar.

Es algo que toca practicar mucho. De lo contrario, volverás a tropezarte con la misma piedra, como me pasó a mí. A los pocos meses de estar en *Siemens*, después de haber superado el trauma de mi ingreso, me tocó negociar con uno de los clientes más importantes de *Gevenmed* al que nunca me habían asignado, a pesar de que estaba en mi zona. El proceso lo ejecute a la perfección. Busqué información previa del cliente (prospección), realicé una conexión emocional maravillosa (*Pielpatía*) y diseñé una propuesta adaptada a sus necesidades. Manejé muy bien el reclamo del mal servicio técnico que ofrecía *Siemens*, este siempre fue el argumento que usaba en contra cuando estaba del otro lado del río. Pero en el cierre me desesperé y trasladé al cliente la presión que ejerció mi jefe sobre mí. Me descartó para siempre.

La venta es una administración de presiones.

Nunca más ese cliente me atendió una llamada. Cuando lo llamaba de otro número o cuando iba a visitarlo, siempre salía con una excusa. En este caso, se coló otro elemento, mi ego. Las ganas que tenía de ganarle un negocio a *Gevenmed*, de un cliente que nunca quisieron darme, terminó por romper la cuerda.

Es necesario construir un liderazgo transformacional para lograr un mayor compromiso del cliente, y hacer que su decisión de compra sea irreversible.

CONSTRUYE UN LIDERAZGO TRANSFORMACIONAL

Al construirlo lograrás que tus clientes se sientan líderes y autónomos en sus decisiones de compra.

El liderazgo viene de adentro hacia afuera.

Es necesario desarrollar una visión compartida y apoyar al cliente en todo momento. Recuerdo el caso de una selección de baloncesto en la que un joven no reunía las condiciones académicas ni físicas para ser parte del equipo. Sin embargo, el entrenador le dio la oportunidad de quedarse en el equipo con una condición, que en menos de una hora tenía que hacer una rutina de ejercicios que alguien, en condiciones físicas óptimas, hace en dos horas. Una hazaña que pudo lograr pensando en equipo y distribuyendo el ejercicio entre todos los jugadores. Esto era precisamente lo que quería el entrenador, que todos colaboraran con él.

Este ejemplo siempre lo tengo presente cuando necesito que el cliente no se arrepienta de haberme comprado. A mí me funciona involucrar a su equipo en el proceso de venta, quien menos uno se imagina tiene peso en las decisiones de compra.

Años más tarde, me tocó sacar dinero de mi bolsillo para pagar la nómina en *Siemedic*. Esta fue mi primera empresa y mi primer fracaso como emprendedor. A la empresa le di todos mis ahorros, mis madrugadas y mi fe. Lamentablemente, carecía de bases, aunado a la inestabilidad política y económica de Venezuela en el año 2012.

Nunca sabrás si el riesgo va a valer la pena hasta que lo intentas.

Yo estaba consciente de que las condiciones no eran favorables. Pero no me quedaba opción. En *Siemens* se habían cerrado las compuertas de la venta por el clima de inestabilidad reinante en país, los vendedores quedamos atados de mano y sin productos para vender.

Desde afuera el escenario era un poquito menos adverso por ser empresa local. Se veía más fácil desarrollar otro tipo de negocios. Además, existía la posibilidad de incorporar nuevas líneas de producto que no compitieran con *Siemens*, ampliando así el portafolio.

Construí un equipo de profesionales para ofrecer servicios personalizados a los clientes y marcar la diferencia con los otros distribuidores. Pero esos profesionales tenían que venir de *Siemens*, de lo contrario no iban a poder asesorar a los clientes. El primero que se montó en el barco fue uno de mis mejores amigos de la universidad, César Casanova, a quien había ayudado a entrar a *Siemens*.

La cosecha de las relaciones interpersonales tarde o temprano dará frutos.

Los días transcurrieron y me di cuenta de que ser emprendedor es como vivir solo. Si no friegas los platos después de comer, nadie lo hará por ti. Si no vendía no entraba dinero a la empresa y, por ende, me tocaba apelar a mis ahorros para mantener los viajes y gastos de operación de la empresa, que además hacía vida en el oriente del país donde no estaba mi residencia. Afortunadamente, el aporte en sociedad de los doctores Andonaegui redujo los costos de hospedaje significativamente, ya que cedieron una casa ubicada en el mismo terreno de su clínica, que estaba en la ciudad de El Tigre, corazón del oriente del país.

Llegaron las ventas y los ahorros ya no se veían tan afectados. Pero como todo, uno siempre quiere más. Logramos realizar dos ventas muy importantes, cada una de casi un millón de dólares. Desafortunadamente, la fuerte devaluación del bolívar disparó los precios de los productos en más de cinco mil por ciento y nos tumbó esas ventas.

Pasé de no tener restricciones económicas a comenzar a vender mis activos para poder hacer mercado. Si en ese momento hubiese aplicado el liderazgo transformacional, estoy seguro de que mi equipo me hubiese ayudado. Así lo hicieron los compañeros de aquel jugador de baloncesto que fue retado por su entrenador.

Finalmente, para hacerse un *gerente vendedor* toca sacarle brillo al carbón.

SÁCALE BRILLO AL CARBÓN

Llegué a sentir, en un momento, que dedicarse solo a ventas no era el camino correcto para Cones Consulting Group. Enhorabuena, la paciencia y fe nos han permitido llegar hasta aquí. Mientras expandas más tu portafolio de productos, más competidores tendrás y marcar la diferencia será mucho más complejo. De esto hablaremos en el último capítulo.

Siempre hay que tener al menos un plan B.

El 14 de junio de 2013, día de mi cumpleaños número 33, realizamos en Caracas la primera edición de *El Arte de Vender*. Al poco tiempo, se volvió curso obligatorio para todo aquel que se sintiera orgulloso de trabajar en ventas en Hispanoamérica. El plan B de Cones Consulting Group se convirtió en el único plan luego de la estrepitosa caída de *Siemedic*. Un nuevo desafío, un negocio más complejo, porque los productos eran personas que ofrecían servicios intangibles.

El arranque fue muy duro, sobre todo porque no tenía absolutamente nada de capital. Por fortuna, conté con el apoyo de grandes personas. Mi pareja del momento y madre de mis dos pequeñas, Luzday Rangel, llevaba la administración de la empresa. Mi hermano Jesús, responsable de la logística. Mi cuñado Carlos Luis, uno de los que me acompañaba en tarima con sus experiencias en ventas. Mis amigos del Colegio Joel y Miguel, responsables del marketing y de la contabilidad, respectivamente. Mi prima Elikarla nos ayudó con las ventas. Uno de mis amigos de rumba en la universidad, José

Alberto *El Chino*, por su condición de psicólogo, le dio mucha fuerza al mensaje que quería comunicar. Andrés Villanueva, mi *coach de vida*, aportaba con su contenido. Mi mamá con las tortas y refrigerios. Mi papá con sus almuerzos y buena energía. Entre otras tantas personas que han hecho vida en esta familia de Cones Consulting Group. Lo más noble es que ninguno de los que mencioné anteriormente recibía pago, no había cómo pagarles. Pero sí recibieron un gran pago moral y estoy seguro de que Dios los seguirá premiando donde quiera que estén.

Ni hablar del aporte de Deisy, Zule, Erilyn, Indiana, Gricelis, Dhany, Mónica, Coralli, Florencio, Guillermo Azpurua, Washington, Chacho, Génesis, Giselle, Angélica y Maryelin. Siendo parte de la empresa les tocó cambiar los pañales a mis hijas, soportar sus llantos, y hasta cuidarlas cuando en Cones Consulting Group trabajábamos desde mi casa.

Tampoco puedo dejar de mencionar a nuestros maravillosos proveedores, Felipe con sus imágenes funcionales, Andrea con su manejo de las comunicaciones corporativas, José Ignacio con su locución, Solo Ensamble por crear los ambientes musicales de *Cones Group* y Carlos Montilla con su disposición incondicional para resolver todos los temas de traslado de la empresa. A ninguno de ellos les hacía falta estar en la nómina para ser parte de la familia.

A todos ustedes Gracias MASTER.

En mi caso, además de ser el producto principal de la empresa, mi rol era inspirar a este gran equipo a la concreción del gran sueño de profesionalización de las ventas. Debo admitir que no soy ninguna *pera en dulce*, soy perfeccionista. Les exigí como si les estuviese pagando una fortuna y eso hizo que muchos de ellos volvieran a sus actividades rutinarias.

A veces es difícil hacerle ver a alguien lo que no cabe en su mente. Algunos de los resultados que no pudieron disfrutar los que se bajaron del barco antes de tiempo fueron: sucursales en diferentes países, entre ellos Estados Unidos de América y presencia en toda Latinoamérica, ser reconocidos como el único Conferencista de Ventas en habla hispana que ha fusionado el espectáculo con las ventas y, por eso, la denominación *el artista de las ventas*. Estos sueños se hicieron realidad y por más que intenté hacérselos ver, muchos decidieron emprender su propio vuelo. Otros no soportaron la presión de no ganar dinero o ganar muy poco. Algunos los corrió mi carácter. Incluso, hubo unos que creyeron que les estaba vendiendo una farsa.

Los sueños no son para anhelarlos, son para alcanzarlos.

Es necesario entender que nadie es indispensable en la vida, que los equipos, las amistades y hasta los seres queridos, por muy duro que suene, son transitorios.

Aun así todos se llevaron un gran aprendizaje. Si a algo me dediqué fue a demostrarles de qué estaban hechos y lo que podían alcanzar. Hay muchas historias de éxitos de mis colaboradores. Se me viene a la mente en este momento Rosty, quien hacía magia en el metro de Caracas y lo convertimos en un conferencista motivacional. Endry, a quien con solo una cámara y la mente llena de ideas, lo hice mi Director Creativo y Productor Audiovisual, él fue pieza clave en la internacionalización. Hoy tiene su propia empresa de audiovisuales. Elikarla, mi prima, fue una de nuestras primeras vendedoras, ahora tiene su propia empresa en Colombia.

Esto es sacarle brillo al carbón. Hacer que brillen por luz propia y que sus sueños se hagan realidad, así los alcancen lejos de Cones Consulting Group.

Además del aporte profesional y personal que me dejaron cada uno de ellos, en esta etapa conocí a la mujer que me hizo ver estrellas en el cielo nublado. Mi chiqui Maryelin Flores, quien fue Asistente Administrativo, luego mi Asistente Personal y Productora, hasta finalmente convertirse en mi Manager y compañera de vida. En ella refugié mi torbellino de sentimientos que había dejado desatendidos y me reencontré con el amor.

En fin, el *gerente vendedor* es alguien capaz de vender esperanza, sueños y desafíos. Al mismo tiempo debe saber negociar con el ego, hacer que florezca la libre consciencia de los clientes, desarrollar el pensamiento sistémico, construir un liderazgo transformacional, y sacarle brillo al carbón.

Ahora que ya eres consciente de lo que significa ser un *gerente vendedor*, cerramos el ciclo del adulto que finalmente encontró su porqué: ayudar a los demás a que hagan de las ventas su estilo de vida.

Lo que sigue en los capítulos finales es la historia de un padre dispuesto a enseñar a vender y dar las herramientas que me han permitido alcanzar todo lo que me he propuesto en la vida.

– III –
EL PADRE DISPUESTO A ENSEÑAR A VENDER

Capítulo VIII
Véndete

Venderse no tiene nada que ver con lo que le hizo Judas a Jesús, ni mucho menos prostituirse. Más bien es demostrar talentos, habilidades y conocimientos.

Vender es el arte de hacer felices a los demás,
haciéndonos felices a nosotros mismos.

Si no sabes venderte el mundo jamás sabrá de ti. Eso sí, hay que saberlo hacer. En una de mis primeras entrevistas de trabajo me tocó ir a una fábrica de componentes eléctricos. Como había escuchado que tenía que ir muy elegante, busqué el flux de mi graduación, la camisa más blanca que tenía, pulí los zapatos de vestir y le pedí prestada una corbata a mi papá. Me recibieron dos personas, el dueño de la fábrica y el gerente general. Hubo varios segundos de silencio después de los "buenos días" y el "pase adelante". Ambos no podían dejarme de ver la ropa, uno fruncía el ceño y el otro no podía cerrar la boca. Lo único que quería era que me tragara la tierra. Me hicieron un par de preguntas que ni recuerdo y me dijeron "Te estaremos llamando".

Desde ese día no dejo de verificar la vestimenta que requiere cada ocasión. De allí la importancia de *prospectar,* primer escalón del proceso de la venta personal.

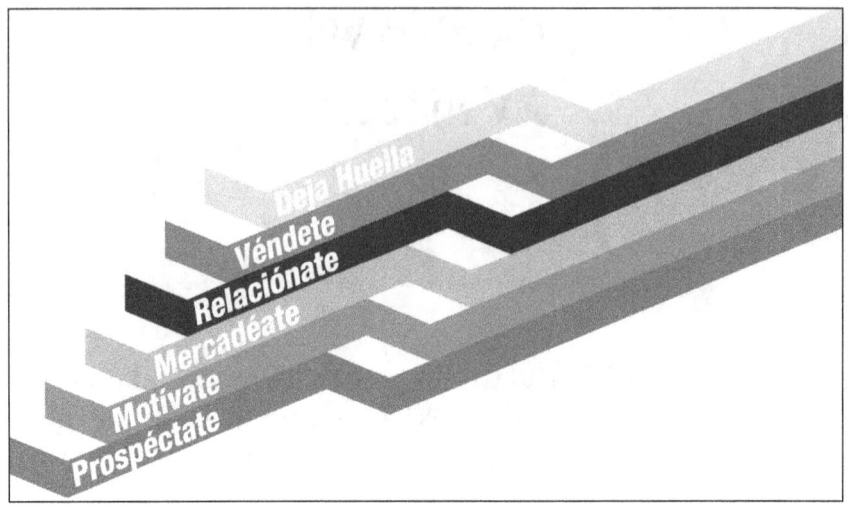

Imagen 1.- Proceso de la Venta Personal

PROSPÉCTATE

La prospección tiene su origen en la minería. Hace alusión a exploraciones profundas de terreno para descubrir la existencia de yacimientos geológicos, petróleo, minerales, agua u otra cosa.

En las ventas en lugar de explorar el terreno, investigamos, interpretamos y hacemos análisis profundos para definir el perfil del cliente potencial y la estrategia de conexión.

De cómo prospectar clientes hablaremos en el siguiente capítulo. Aquí nos centraremos en la prospección interna.

Antes de conocer a otros te debes conocer a ti mismo.

Según el Coaching transaccional dentro de nosotros habitan tres personas: un padre, un adulto y un niño. Ellos se congenian entre sí para accionar en la vida. Conocerlos es clave para administrarlos y saber cuándo conviene dejar que florezca uno u otro.

Imagina que comienzas una dieta para quitarte esas libras de más. Llevas tres semanas siguiendo el plan al pie de la letra y comienzas a ver los resultados. De pronto, te topas con un chocolate mal parado en tu casa. Seguramente escuchas una voz interior que dice: "Cómetelo, qué esperas, nadie te está viendo". Ese que habla es *un niño* que habita dentro de ti y que te lleva a tomar decisiones sin pensarlas, habla desde *el querer*.

Casi siempre, después, viene una voz un poco más reflexiva, alguien que comienza a llenarte de lógica y dice cosas como: "¿Te has dado cuenta de las calorías que tiene el chocolate?", "Mira lo bien que te has portado", "Sabes el impacto que va a tener en la dieta si te lo comes". Ese individuo que habla desde lo que conviene es *un adulto*.

Y finalmente aparece una tercera persona que no da razones impulsivas ni lógicas, más bien dice: "Cómetelo, ¿qué tanto pueden influir esas calorías extras en tu dieta?". Este último es *un padre*, que en faceta consentidora dice que lo hagas y no veas atrás. Sin embargo, si está en modo represivo, puede cuestionar lo mal que te ves con esos kilos de más.

Como verás hay que saber cuándo darle cabida a cada uno de ellos. Sacaría a flote al niño cuando se trata de disfrutar la vida y arriesgarse. Al adulto lo uso mucho para los negocios, donde tengo que evaluar lo que conviene a las partes. Y el padre, aunque a veces aparece para criticarme, cuando está bajo control lo uso simplemente para dejar que las cosas fluyan.

Cuando comprendí esto a profundidad, pude darle estructura a este libro y, por supuesto, a esta etapa de mi vida. Mi vida como vendedor coincide perfectamente con el análisis transaccional: un niño que vende desde los cinco años, un adulto que encontró su porqué y para qué y un padre dispuesto a enseñar a vender.

Potencia cada rol de acuerdo a la situación, pero antes identifícalo para que puedas conocerte a profundidad y así prepararte para el siguiente escalón.

MOTÍVATE

Antes de motivarnos debemos tener claro que motivación es movimiento a la acción. Es decir, para estar motivados debemos estar haciendo y no simplemente sonriendo.

Existen al menos dos tipos de motivación, la externa y la interna. La primera se refiere a todo lo que hacemos en pro de alcanzar lo que queremos tener: propiedades, bienes y dinero. Mientras que la segunda es la que nos permite trabajar en nuestro interior para descubrir nuestro porqué y para qué en la vida.

Encuentra tu motivación interna.

Cada vez que me levanto en la mañana doy gracias a Dios por la fortuna de tener un nuevo día. Pienso en las actividades que me corresponde hacer y después recuerdo mi porqué y para qué, los cuales, en definitiva, son los que me hacen pararme de la cama así me sienta mal, deprimido o angustiado.

Si se te olvida agradecer en la cama, te invito a que lo hagas cuando te estés lavando los dientes y tengas chance de verte al espejo. Lo que te digas allí puede condicionar tu mañana, tu día e incluso tu vida.

Solo tú puedes recargar tus baterías.

Se ha comprobado que las personas que han alcanzado el éxito en cualquier área probablemente no tenían toda la preparación, el conocimiento o la experiencia. Pero ¿sabes qué sí tenían? ¡Motivación!

Comienza con estos mensajes positivos al espejo, ellos son los que te van a permitir llegar hasta donde quieras, tengas el viento a favor o en contra.

Nadie te va a motivar, eres tú quien debe encontrar ese combustible divino. El mío son mis hijos.

Si pudieras observarme en este momento, mientras tecleo estas líneas, verías el brillo en mis ojos. Eso es motivación, que brillen tus ojos, que se te erice la piel. Eso es lo que sentimos los vendedores y no solamente en el cierre o cuando hay un pago de por medio, también cuando el cliente nos dice gracias, o cuando nos llama para preguntarnos algo que no tiene que ver con nuestro negocio.

Por esto es que debes encontrarla. Búscala. Hay gente que se motiva con canciones. Hay otros que se motivan con imágenes o con sensaciones de placer que en algún momento experimentaron, encuentra la tuya y poténciala día a día.

Ya motivados estamos listos para el tercer escalón.

MERCADÉATE

Mercadearse, desde el punto de vista personal, tiene tres etapas: hacerte visible, hacer que hablen de ti y hacer que hablen lo que tú quieras.

Una vez quería conocer a un empresario. Me había enterado que iba a incursionar en el sector salud con la construcción de un hospital privado. Al buscarlo en Google, encontré una foto. En ella estaba el empresario al lado de un ingeniero que estudió conmigo en la universidad, pero no recordaba su nombre. Llamé a algunos compañeros de clase y me dieron su teléfono. De inmediato llamé y me atendió su mamá. Ella me dio su teléfono móvil.

Es importante que tengan en cuenta que a un empresario de este tipo no se le puede llegar de manera directa. Toca hacerlo a través de contactos y yo ya tenía el mío. Necesitaba saber si de verdad estaba trabajando con él o apareció en la foto por casualidad. Pero no podía llamarlo solo para preguntarle eso. Entonces pensé en armar un reencuentro. Le pedí a una amiga que lo llamara para que no pudiera identificar que quería llegar a él. Luego en la reunión esperé el momento preciso para conversar.

Más temprano que tarde entramos en confianza.

Estaba muy cerca del cometido, pero no podía mostrarme ansioso, tenía que hacerme el desinteresado por el proyecto, hasta que llegara el momento de hablar de mi trabajo.

Todo se fue dando y él me invito a la obra. Creo que fue porque me vio como alguien que lo podía apoyar en la adecuación de los espacios físicos. En el sitio pude conocer los pormenores del proyecto. Me dediqué a visitarlo con cierta frecuencia, en cada visita obtenía más y más información. Pero no me había hecho visible ante el empresario. Solo había tenido la oportunidad de verlo una vez y desde lejos. Entre las personas que fui conociendo llegué a un amigo del empresario que iba a ser uno de los proveedores. Me comentó, entre otras cosas, que el fin de semana habían estado en el club e hicieron unos cambios en la Unidad de Imagenología, que era lo que me correspondía. Cuando pude le pregunté el nombre del club y busqué a un amigo que fuese socio. El que conseguí casualmente sabía quién era, porque habían jugado tenis un par de veces.

No me podía desesperar. Le dije a mi amigo que me llevara al club cuando él pensara que podía estar el empresario. Fui dos veces, la primera vez no tuve éxito, pero la segunda vez sí. De hecho, me tocó jugar tenis con ellos, conversar de la vida, de los países y sus culturas. De pronto, el empresario me dijo "Yo creo que te he visto, tú visitaste mi proyecto". Y yo con ganas de decirle ¡Síííí! le seguí preguntando acerca del proyecto, como si no supiera de lo que me estaba hablando. Después de casi dos meses ocurrió lo que tanto había esperado. Me invitó a reunirme para que los asesorara en la correcta selección de equipos de imagenología para la clínica. Lo demás fue historia, no solo le vendí casi todos los equipos, sino que además nos hicimos amigos y me dio un par de proyectos más.

Así fue como me hice visible. Los clientes se sienten a gusto con las personas que comparten los mismos intereses, esa es la razón por la cual nuestros amigos cercanos se parecen tanto a nosotros.

Luego hice que hablaran de mí. Mi propósito era que mi compañero de la universidad y su amigo le dijeran al empresario que yo era el indicado.

Por último, me dediqué a llamar a otros empresarios de confianza, que probablemente lo conocían para que dieran fe de que podían confiar en mí, en el producto y en la empresa que me respaldaba. En este caso estaba vendiendo productos físicos, pero si me hubiese tocado vender mis conferencias, también hubiese hecho lo mismo. Cabe destacar que este proceso fue en su mayoría presencial, pero esto mismo se puede hacer a través de medios digitales.

RELACIÓNATE

Como bien lo explicamos en el capítulo seis, las relaciones en el mundo de las ventas te permitirán conseguir lo que desees. Sin embargo, se basan en el interés. Debes tener algo valioso que ofrecer.

Es por ello que las palabras de Georgios Fotiadis, que vimos en el capítulo cuatro "...todos los que te invitan hoy a almorzar, te dan regalos en tu cumpleaños, y quieren compartir vacaciones contigo, dejarán de estar a tu lado cuando ya no tengas el carnet de *Siemens*" era la premonición de lo que me tocó vivir cuando salí de esta empresa. El interés de los clientes en mí ya no era el mismo. No tenía en mi espalda a la transnacional alemana. Tenía a una empresa local (*Siemedic*) con días de fundada que solo la respaldaba mi patrimonio y el de mis socios.

Me tocó trabajar más que nunca en el valor que yo podía ofrecer. Lo primero que compra un cliente es un buen vendedor, antes que el producto o servicio. Para lograr eso me tenía que convertir en un solucionador de problemas.

Lo primero que compra un cliente es un buen vendedor.

Esto no fue fácil. Había casos de servicio técnico, temas legales y logísticos que no manejaba y me tocó aprender. Afortunadamente, otra vez las buenas relaciones me ayudaron a conseguir la información y, por ende, a responderle a los clientes. De esos momentos aprendí los siguientes tres elementos que se deben tener en cuenta para relacionarse.

1) Parecer es tan importante como ser

Mi manera de relacionarme con los clientes siempre fue transparente. Sin embargo, cuando eres tú la empresa no conviene ser tan cristalino con algunos temas. No estoy diciendo que mientas. Solo que hay información que de no preguntarla el cliente es mejor no decirla. Cuando comencé con *Siemedic*, era el recepcionista, vendedor y dueño del negocio. Y me funcionó no entrar en este detalle.

No creas que solamente eso le pasa a los emprendedores. Los grandes empresarios también hacen lo propio cuando abren sucursales en otros países, cuando van a pedir un crédito al banco o cuando van a negociar con un nuevo proveedor.

Había un médico muy prestigioso que solo trabajaba con equipos médicos de la competencia que compraban los dueños del hospital donde trabajaba. Después de años visitándolo logré convencerlo de que hiciera la inversión por su cuenta y comprara un resonador magnético valorado en más de un millón de dólares. Evidentemente su condición de médico, por muy reconocido que fuese, no era suficiente para obtener un crédito de esa magnitud. Sin embargo, en la investigación previa, pude conocer que sus relaciones eran tan fuertes con los dueños de un par de bancos que ellos, sin mayores respaldos, estuvieron dispuestos a otorgarle ese monto. Quedando de manifiesto que tan importante como tener dinero es parecer que lo tienes. Eso sí, tienes que saber cuándo utilizar esas relaciones claves. Si lo haces con mucha frecuencia puedes perder todo lo que has construido. De eso hablaré a continuación.

2) Rompe el vidrio en caso de emergencia

Las relaciones que tengo me han costado tanto tiempo, dinero y esfuerzo, que he aprendido a usarlas de manera prudente y en el momento preciso.

Cuando realicé la primera edición de *El arte de vender*, el 14 de junio de 2013, no tenía trayectoria en el mercado como conferencista, más allá del desempeño como mejor vendedor. Para poder llenar la sala, sin hacer publicidad en medios tradicionales, apelé a mis amigos. Aunque su respuesta no fue tan efusiva. En esa primera edición no recuerdo que haya asistido ninguno. Después me dirigí a los amigos que formaban parte del equipo. Ellos sí respondieron mucho mejor, pero aún nos faltaba gente.

Con las cosas así nos fuimos a las empresas, asistimos a ferias de empleo y mandamos cuanto correo pudimos. En última instancia, me tocó romper el vidrio y decirle a un par de clientes, que tenían múltiples empresas, que me mandaran gente. Recuerdo que todo el mundo me decía "Luis, ¿por qué no los llamaste desde el principio?". Respondí que no les habría llamado a menos que no hubiera más remedio, ya que en este mundo de relaciones favor se paga con favor.

3) Favor se paga con favor

Seguramente la vida se ha encargado de mostrarte que nada es gratis. En muchos casos no te piden dinero por la intermediación o ayuda, pero de alguna manera vas a tener que pagarlo.

Finalmente, antes de pasar al otro escalón, es importante que tengas en cuenta que las relaciones se deben construir no solo con empresarios, directores y emprendedores, también las tienes que construir con su equipo y su entorno.

VÉNDETE

Conquistar a una chica es aplicar la venta como un estilo de vida. Como te habrá pasado, o te habrán contado alguna vez, la mayoría de los chicos buscan sorprender a las chicas y se valen de su cuerpo esbelto, de las cifras en sus cuentas bancarias y de sus propiedades. A pesar de que esto puede deslumbrar a muchas, nadie se enamora de los bienes materiales, porque ellos no dan amor, solo ofrecen una sensación de bienestar, placer o estatus.

Las chicas, al igual que los clientes, no quieren chicos o vendedores que le hablen de ellos mismos. Por el contrario, desean personas que las escuchen, que las dejen hablar y que las dejen ser. A veces no quieren consejos, recomendaciones o sugerencias. Simplemente quieren que las ayuden a encontrar sus propias respuestas. Este es un trabajo arduo, porque implica dejar de pensar en las necesidades personales y dedicarle atención al otro.

Muchos entrevistadores rechazan a personas que cumplen perfectamente con el perfil solicitado por la empresa, porque en la entrevista hablaron de más o no pudieron demostrar lo que decía la hoja de vida. No se trata de hablar mucho o hablar poco. Es saber cuándo, dónde, con quién y de qué hablar.

Venderse implica tener el *timing* preciso. Al igual que el tenis. La técnica, táctica o herramienta que funcionó con uno, no necesariamente funcionará con otro. Así que debes innovar constantemente y nunca detener tu preparación en ventas.

Cada vez que me tocaba cortarme el cabello, iba a la primera barbería reconocida que me encontrara en el camino. Me parecía que era algo que podía realizar correctamente cualquier estilista o barbero reconocido. Pero un día me topé con alguien que se convirtió en mi barbero fijo en Caracas. Su nombre es Israel Brito. Lo que hizo él que no lo hicieron los demás, hacerme muchas preguntas, escuchar y desarrollar temas basados en lo que me gusta. Y así lo hace con todos los clientes. El resultado, largas filas para afeitarse con él. Factura hasta diez veces más que sus compañeros de la barbería. Eso es venderse, para lograr esto debe ejecutar a la perfección los cuatro escalones anteriores.

Finalmente, para venderse toma en cuenta todo esto y siempre aplica el efecto PISA:

Persuade y no manipules: conoce los intereses de los clientes y acércalos a los tuyos.

Influye, pero de manera positiva: siempre da el ejemplo.

Sirve: el buen servicio se extiende a las cosas que no tienen que ver con tu producto.

Actúa: no dejes para mañana lo que otros pueden hacer hoy.

DEJA HUELLA

La huella que dejes en los demás es tu sello personal, esencia y marca. En ventas la única manera de ser la primera opción de los clientes es dejando huella. De esto hablaremos con más detalle en el capítulo diez.

En las siguientes páginas tendrás de primera mano mi mayor creación en el mundo de las ventas. Esta herramienta te permitirá venderle lo que desees a quien desees y, lo más importante, al precio que quieras. Así que prepárate para La Brújula de Ventas Cones.

Capítulo IX
La brújula de ventas Cones

Para tener un rumbo claro, vender lo que uno desee a quien desee y, sobre todo, al precio que uno quiera, hay que tomar en cuenta que a la gente no le gusta que le vendan, pero sienten mucho placer al comprar. Es por ello que debemos invertir la fórmula. Lejos de querer vender, tenemos que hacer que ellos quieran comprar y, que de paso, nos quieran comprar a nosotros. Esto es lo que lograremos con la Brújula de ventas Cones.

Cuando entro a una tienda y recibo expresiones como "A la orden", "¿Cómo le colaboro?" o "¿En qué le puedo servir?", siento que esa persona me quiere vender algo a como dé lugar y que la decisión de compra no será mía. He llegado a abandonar tiendas sin comprar nada cuando combinan ese recibimiento con la incómoda presencia del vendedor respirándome en la nuca.

Por otro lado, he vivido experiencias en tiendas donde la sensación es completamente distinta. En una me dijeron: "Hola, mi nombre es Fernanda y si necesita algo aquí estaré para ayudarle". No pasaron ni treinta segundos cuando yo mismo la llamé sin tener claro qué iba a comprar, pero igual le pedí que me acompañara.

No vendas, haz que te compren.

Una vez en Bogotá fui a un centro comercial. Mientras me probaba unos zapatos recibí una llamada. En la conversación hice un comentario acerca de unos pantalones que buscaba. En el mismo instante que hablaba por teléfono el vendedor de la zapatería se fue de tienda en tienda a buscar los pantalones, incluso me trajo a un vendedor con diferentes tallas y modelos. Ante un servicio como ese no pude decir que no.

Lo que más influye en el proceso de ventas es el vendedor. Muy por encima de la empresa donde trabaja o el producto que representa. Pero esa misma influencia que se tiene para ganar la venta, también se tiene para perderla. Porque los vendedores son muy buenos asumiendo su éxito cuando ganan la venta, pero cuando la pierden generalmente le echan la culpa a las condiciones del mercado, a la propia empresa donde laboran o a la situación económica.

Todos somos vendedores, pero ¿cómo hacer para convertirnos en buenos vendedores? Responder esto me llevó años de observación y experimentación que arrojaron tres competencias que se deben aplicar para lograrlo.

1) Vender sueños

Cuando al vendedor le toca mostrar el producto, lo que menos debe hacer es hablar de beneficios, características o especificaciones. Eso es aburrido, no genera conexión y no hace que los clientes se enamoren. Eso produce que el clímax de la negociación decaiga considerablemente. Se pierde el interés y hasta la emoción. Lo que debes hacer es encontrar como tu producto o servicio le permitirá al cliente alcanzar sus sueños. Pero antes debes ganarte la confianza del cliente a un punto que te confiese sus anhelos.

2) Generar deseos

No he encontrado una mejor forma de generar deseo en mi producto que no sea deseándolo yo primero. El primero que tiene que estar enamorado y convencido de lo que vende es el vendedor. Para ello es necesario crear estilos de vida alrededor de los productos y adaptarlos a las necesidades individuales de los diferentes tipos de cliente.

3) Solucionar problemas

Mi política de llamada de seguimiento de los negocios con mis clientes, implica comenzar la llamada con alguna información que no esté relacionada con mi producto desde la última conversación que tuvimos. Y si hay un tema pendiente con el cliente, trato de resolverlo antes de llamarlo.

Nunca llames a tu cliente solo para hablar de negocios.

Aplicar esto constantemente me hace ser un mejor vendedor y agregarle valor a quien es la razón de ser de la venta, activo fundamental y pieza más importante en todo este proceso. Pero ahora te pregunto: ¿Es importante el cliente para ti? Piénsalo.

El cliente es la razón de la venta.

Me gustaría que pensaras en cinco personas importantes en tu vida. ¿Las tienes? Si en ese puñado de seres importantes no aparece un cliente, de nada sirve que digas que los clientes son importantes.

De la misma manera aplica para las empresas que consideran al cliente como el más importante y no lo incluyen en sus organigramas. Y si no está a tu alcance cambiar el organigrama de la empresa, puedes cambiar el tuyo, agregando al menos a un cliente a esas cinco personas en las cuales pensaste líneas atrás.

El cliente es el activo más importante del vendedor.

Todo esto lo digo porque no estás solo en el mercado. Para convertirte en la opción de preferencia de nuestros clientes hay que conocer bien a la competencia. En el pasado nos referíamos a la competencia como aquellas empresas, organizaciones o personas naturales, que competían directamente en nuestro segmento. Por ejemplo, si el negocio es trasladar ejecutivos de una ciudad a otra por avión, la competencia serían las aerolíneas. Y hasta ahí parece que la historia va bien. Sin embargo, cuando ampliamos este concepto, nos damos cuenta de que competidores son todas aquellas opciones que el cliente pueda tomar en lugar de tu servicio, producto o bien.

Aquí debes pensar en las videoconferencias, el internet y hasta el mismo dispositivo celular. Eso también ocurre en tu negocio. Hace un tiempo leí que el presidente de una marca conocida de gaseosas, en su primera reunión con los directivos, preguntó acerca de la participación de mercado de su marca con respecto a sus competidores. Al ver los resultados quedó sorprendido del liderazgo absoluto de más de cincuenta por ciento. Sin embargo, al analizar bien las cifras, se dio cuenta de que se estaban dejando de lado las demás bebidas refrescantes, como el agua, jugos y energizantes. Al final, competencia es cualquier empresa, organización o particular que te quita mercado.

Competencia es algo o alguien que te quita mercado.

Con este preámbulo procederemos a la creación de condiciones para que sea el cliente el que decida, y de paso se decida por ti, a través de la Brújula de ventas Cones.

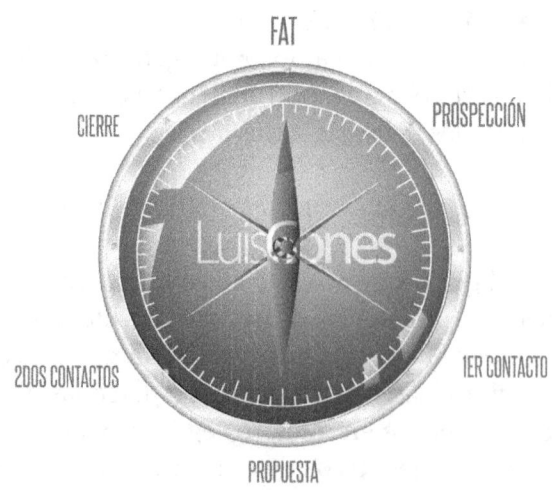

Imagen 2.- Brújula de Ventas CONES

PROSPECCIÓN

Como lo dijimos en el capítulo anterior, aquí nos centraremos en cómo prospectar clientes. Esto lo haremos en tres fases: investigación, interpretación y estrategia de conexión.

Investigación

Si alguna vez has contratado a un investigador privado, has sido tú el investigador o te han investigado para saber si eres infiel a tu pareja, estarás familiarizado con lo que hay que hacer aquí. No te preocupes que el resultado de esta investigación no te va a generar rabia, tristeza o alivio, más bien te van a dar ganas de seguir conociendo a tus clientes.

Actualmente existen muchas formas de encontrar información, sobre todo con la proliferación de las redes sociales. Mucha gente, celebridades o no, ha decidido hacer de su vida privada algo totalmente público. Por allí podemos comenzar, recuerda jamás ir a un primer contacto con un cliente sin antes investigar acerca de él.

Jamás puedes hacer un primer contacto con un cliente sin antes haber investigado.

Lo primero que hago es colocar el nombre de nuestro cliente potencial en los buscadores de internet. Si no tengo su nombre coloco el de su empresa, algo debo tener para comenzar. Allí siempre sale información muy genérica que no necesariamente corresponde a la persona que investigo. Luego me voy a las redes sociales corporativas. En ellas puedo encontrar la cantidad de contactos que me acercan a ese cliente potencial. Después me voy a sus redes sociales. En muchas ocasiones, si no se trata de una figura pública, estas redes son privadas. Pero siempre encuentro a alguien que lo tiene de amigo, lo está siguiendo, o es su fan. Si su perfil es público, me dedico a revisar cada fotografía, video o comentario que tenga publicado. Recuerda que a pesar de que las redes pueden tener una carga de fantasía, lo que se publica no necesariamente concuerda con la realidad, es el reflejo de lo que el cliente quiere ser y eso es clave para establecer conexión.

En caso de no tener éxito, voy a medios que muchos han olvidado usar, pero que terminan siendo muy efectivos cuando no se consigue información por las vías digitales. Me refiero al teléfono. Llamo a personas cercanas que conozcan al cliente o que puedan darme una pista de él. Cuando no tengo a nadie que le pueda llegar a ese cliente potencial, consigo el teléfono de su oficina y busco la manera de establecer una conexión muy rápida con su recepcionista, secretaria o asistente. Esto lo hago a través de la generación de confianza con esa persona, haciéndole ver que no soy su enemigo ni pretendo perjudicarle. Después de lograr que se ría por cualquier cosa, apelo al recurso de "No me gustaría hacerle perder el tiempo a su jefe y por eso quisiera saber si en este momento están en la búsqueda de proveedores para…" Y nombro el producto o servicio que estoy ofreciendo. Generalmente me dan lo básico. Esto apenas es el preámbulo, porque las demás preguntas pretenden obtener información valiosa. En algunos casos he podido, en esa primera llamada, obtener información acerca de su humor, de las cosas que no le gustan y de los mejores días para visitarlo. Pero a veces la persona no está conectada conmigo y me toca repetir el proceso pidiéndole a otra persona que llame por mí.

En el peor de los casos, si no obtengo ninguna información valiosa por vía telefónica, me voy a la oficina del cliente e intento hacer lo mismo que hago por teléfono, pero cara a cara. Esta forma nunca es tan efectiva, a menos que mandes a alguien a que haga eso por ti o que tengas cita previa.

En todos los casos, lo que busco con la investigación es siempre lo mismo: información clave para conectar emocionalmente. También me ha pasado que me encuentro al cliente potencial en un lugar público y allí lo que hago es hacer la investigación directa, es decir, preguntas genéricas al cliente para llamar su atención. Si estoy acompañado con alguien de mi equipo -que esté entrenado- desarrollo temas de conversación que obliguen al cliente a preguntarnos algo y de esa manera iniciar una conversación causal.

Interpretación

Sin importar cuál fue la vía por la que obtuve la información del cliente, la analizo exhaustivamente junto a mi equipo. Cuando el cliente es muy importante creamos una sala situacional donde recabamos evidencias, atamos cabos e identificamos las personas claves alrededor de ella o él, al mejor estilo de las series policiacas. Además de lo transcendental de este proceso, nos divertimos muchísimo.

Luego buscamos los vínculos. Por ejemplo, si el cliente habla una lengua distinta, aprendemos el idioma o buscamos a un intérprete, que además nos ayude con su cultura. Evaluamos los recursos, calculamos el presupuesto y seleccionamos a los indicados para conectar, antes de pasar a la estrategia. También recordamos experiencias de éxito y fracaso que hayamos implementado anteriormente con ese perfil de cliente.

Definición de la estrategia de conexión

Aquí se define si lo primero que vamos a hacer es dar *me gusta* en un post en sus redes, enviar un correo electrónico, llamar por teléfono, o propiciar un encuentro casual con el cliente. También realizamos nuestra matriz DOFA (Debilidades-Oportunidades-Fortalezas-Amenazas), evaluamos los escenarios y le damos *play*.

Para que te hagas una idea de lo que sale de aquí, te cuento que si se tratara de sorprender a una señorita con un regalo, no nos iríamos con chocolates, rosas o ramos frutales. Investigaríamos la marca de su champú favorito y ese sería el regalo.

Otro aspecto a evaluar en esta fase es la calificación del cliente para medir su presupuesto. A pesar de que las apariencias engañan, es necesario hacernos una idea, para proyectar en la definición de estrategia, con cuál producto o servicio de nuestra gama vamos a impactar al cliente. De igual forma, tenemos la obligación de verificar esto en el primer contacto, para evitar el mal trago de seguir avanzando en el proceso con alguien que no pueda pagarnos.

Muchas empresas se dedican a segmentar su cartera de clientes para crear estrategias en bloque, sobre todo cuando se vende productos de consumo masivo. Incluso, llegan a estructurar su fuerza de ventas, de modo que ciertos vendedores atiendan a ciertos clientes. Ya eso dependerá de la naturaleza de su negocio y de la proyección que le quiera dar.

PRIMER CONTACTO

Implica la exploración *in situ* y calibración del cliente. En esta fase se busca establecer la conexión emocional para seguir avanzando satisfactoriamente en las demás etapas.

Dependiendo de la naturaleza del producto que se venda, tendrá que hacerse presencial, vía telefónica o virtual.

- **Primer contacto virtual**

Cuando de formalidad se trata, la mejor vía para establecer el *primer contacto virtual* es el correo electrónico. Este requiere mucha atención y cuidado. En la evolución de la sociedad marcada por los avances tecnológicos, se ha convertido en la única vía de comunicación de muchos negocios, como es el caso de las tiendas virtuales, que casi nunca estilan llamar por teléfono y todo lo hacen por vía digital.

El correo electrónico no debería estar prediseñado, no puede ser un formato o una plantilla, debe ser una obra maestra para cada cliente y debe sacarle provecho a la prospección previa. Debes cuidar los signos de puntuación, los colores que usas y la redacción. Recuerda que, dependiendo del ánimo o la circunstancia que esté atravesando quien lo recibe, podría ser leído con una entonación muy diferente a la que se quiere transmitir.

Comienza por averiguar cómo se escribe el nombre del cliente, este detalle es clave para comenzar a conectar. No copies a muchas personas, ya que se pierde exclusividad.

Otra vía muy usada son los chats personales o mensajerías de texto. Aquí debemos tomar en cuenta todos los detalles del correo electrónico, con la diferencia de que podemos ser más informales por tratarse de una comunicación más personal. Cuidado con excesos de confianza o envíos muy frecuentes de mensajes. Debes encontrar la hora correcta para escribir, ser más breve, directo y conciso.

Por esta vía no sirven las cadenas si quieres que el cliente te tome en serio. No recomiendo enviar información adicional a la venta, aquí hay que ser cuidadoso, recuerda que se trata de un nivel de cercanía mayor.

Más recientemente las grandes marcas han comenzado a usar sus redes sociales para conectarse de manera más directa con sus clientes. Sin embargo, si vas a tocar un tema vital de la venta, te sugiero no hacerlo público, es mejor utilizar los chats privados que tienen la mayoría de las plataformas.

Cada cosa que subas puede ser visto por tus clientes en las redes sociales, por eso hay que ser cuidadoso. Si quieres ser espontáneo y expresarte libremente acerca de algún tema, evalúa si este es el medio apropiado. Tampoco estoy de acuerdo con crear vidas irreales e imaginarias para enganchar con los clientes.

Las tiendas en las redes sociales, cuyo único canal de comunicación es su portal, deben responder rápidamente con elegancia e interés.

- **Primer contacto telefónico**

Cuando levantes el teléfono para llamar al cliente debes considerar que puede ser tu única oportunidad para establecer una conexión con él, por tanto, antes de hacerlo debes aplicar los tres pasos de la llamada importante ya mencionados en el prefacio:

1) Respira profundamente tres veces, llena de aire el estómago y bótalo lentamente por la boca. Eso te va a ayudar a relajarte y a no sentirte desesperado.
2) Vete en el espejo antes de llamar para configurar tu mejor sonrisa. Acompáñala de una mirada cariñosa y cercana. Evita las miradas fuertes así estés detrás de un teléfono.
3) Conéctate con el mejor momento de tu vida. Eso te permitirá transmitir entusiasmo, satisfacción, e incluso te hará sobrellevar cualquier *balde de agua fría* del cliente.

Además de esto, cuando realices la llamada, es importante preguntar si es el mejor momento para conversar. Pero no lo dejes al aire, si en ese instante el cliente no te puede atender, fija de una vez una nueva hora y cumple el compromiso.

Una vez estén hablando, deja hablar al cliente. Haz preguntas que fomenten su interacción y escucha atentamente, elimina los distractores. Ten a la mano algo para tomar notas y fija un compromiso de tu parte para volverse a contactar de forma virtual, telefónica o presencial.

- **Primer contacto físico**

En ciertos tipos de ventas es innecesario, pero cuando se trata de productos exclusivos, grandes negocios o clientes muy especiales, este es el contacto más importante. Lo primero que tenemos que cuidar es el aspecto físico. No hablo solamente de seleccionar el atuendo apropiado, me refiero también a la higiene.

Yo cada vez que tengo un primer contacto físico muy importante selecciono la ropa la noche anterior, basándome en la prospección. Si se trata de un negocio dinámico, masivo y genérico, suelo usar ropa casual de negocios como código de vestimenta. Si más bien el producto que vende nuestro cliente es costoso, exclusivo y lujoso, selecciono ropa formal, elegante y costosa. Hay otros casos en los que las reuniones son más informales y también se requiere tener nuestra ropa lo más parecida a la del cliente. La selección de colores es muy importante, porque estos pueden ayudarte a enfatizar tu intención. Aquí te dejo una breve descripción de su significado, según la psicología del color:

- ✓ Amarillo: optimismo y juventud.
- ✓ Rojo: energía, incrementa los latidos del corazón y da un mensaje de urgencia.
- ✓ Azul: crea una sensación de confianza y seguridad.
- ✓ Verde: asociado con salud, es usado para originar una sensación de relajación.
- ✓ Naranja: es un color agresivo, utilizado para los *Call to Actions* o llamadas a la acción.
- ✓ Rosado: color romántico y femenino.
- ✓ Negro: crea una sensación de poder y elegancia.
- ✓ Púrpura: se usa para calmar el ánimo.

Tenga en cuenta todos estos detalles al momento de seleccionar el color de su ropa. Otro tema importante son las combinaciones, sobre todo porque varían mucho de acuerdo a la temporada y a la moda. Te invito a revisar siempre las tendencias para no verte anticuado, pero cuidado con verte muy moderno con clientes muy tradicionales y clásicos. Debes buscar el equilibrio sin perder tu esencia e identidad. También influye mucho el lugar geográfico donde te encuentres, la estación del año y la cultura. Mientras más te adaptes al cliente, menos posibilidades de rechazo tienes, porque la primera impresión puede ser la única que se lleve el cliente si no cuidas estos detalles.

Si en la prospección puedes obtener información acerca del canal principal de comunicación del cliente: visual, auditivo o kinestésico, según la Programación Neurolingüística, ten en consideración esto para tener una comunicación más efectiva.

	Visuales	Auditivos	Kinestésicos
Primer Contacto virtual	Envíele imágenes, videos y escribe de forma estructurada	Mándele notas de voz, canciones y audios demostrativos.	Hágale videos de historias contadas desde experiencias sensoriales.
Primer Contacto telefónico	Describa el momento con colores, orden y tonalidades.	*Échele cuentos*, historias y relatos. Dele la opinión de otros.	Recree sensaciones con temperaturas, olores y sabores.
Primer Contacto presencial	No hable tanto, lleve material de apoyo como catálogos.	Establezca conversaciones pausadas. Dele tiempo para procesar sus palabras.	Lleve videos, describa con lujo de detalles las emociones y sensaciones.

Cuadro 1
Programación Neurolingüística (PNL) aplicada al primer contacto con el cliente

Si por el contrario en la prospección no puedes adquirir información de su canal de comunicación, deberás descifrarlo por tu cuenta a medida que van conversando.

A continuación algunas características de cada canal de comunicación según la PNL.

Visuales

✓ Hombros altos.

✓ Parpadean rápido.

✓ Respiración alta y torácica.

✓ Manos muy móviles.

✓ Utilizan términos relativos a imágenes.

✓ Se acuerdan de los rostros, no de los nombres.

✓ Su voz en general es aguda y de tonos altos.

- ✓ Cuando asisten a algún evento van principalmente a ver.
- ✓ Cuando hablan de sentimientos tienen una imagen dentro, no una sensación.
- ✓ Cuando hablan tienden a mover los ojos hacia arriba.
- ✓ La manera de captar la información es rápida y con mínimos detalles.
- ✓ El ruido los distrae.
- ✓ Para el aprendizaje requieren ayudas visuales.
- ✓ A menudo se aburren en discursos y recuerdan muy poco.
- ✓ Interesados en el aspecto de los productos.

Ejemplo de algunas frases utilizadas: tener buena perspectiva, aparece ante mí, vista de pájaro, a la luz de, tener un plan de, en vista de.

Algunas palabras: mirar, mostrar, aparecer, revelar, focalizado, imaginar, brillo, iluminado.

Auditivos
- ✓ Hombros balanceados.
- ✓ Cabeza echada hacia atrás.
- ✓ Respiración regular y rítmica en la mitad del pecho. Con frecuencia darán un suspiro.
- ✓ Predicados relativos al hablar u oír.
- ✓ El auditivo es un buen escuchador.
- ✓ Su voz es más grave.
- ✓ Recuerdan las palabras.
- ✓ Hablan con cautela y usan un tono tranquilo y armónico.
- ✓ Recuerdan los nombres de las personas.
- ✓ El movimiento ocular de los auditivos es hacia la derecha y la izquierda, hacia el oído.

- ✓ Los ruidos estridentes, chillones y agudos los ponen de mal humor.
- ✓ Hablan con muchas interrupciones y expresiones tipo «Uh», «Um», «Ah».
- ✓ Tienden a dominar la conversación debido a la abundancia de palabras.
- ✓ Gran sensibilidad al sonido. Se distraen con facilidad debido a la intensificación del sentido del sonido, los sonidos desagradables o estridentes los distraen.

Ejemplo de algunas frases utilizadas: claramente, todo oído, mensaje oculto, diálogo frívolo, describir al detalle, bajo y claro.

Algunas palabras: escuchar, ser todo oído, armonía, silencio, resonante, ser escuchado.

Kinestésicos

- ✓ Hombros bajos y caídos.
- ✓ Movimientos lentos.
- ✓ Hablan despacio.
- ✓ Respiración baja y profunda.
- ✓ Utilizan predicados que indican sensaciones, movimiento, acción: tocar, sentir, cálido.
- ✓ Lentos en sus respuestas.
- ✓ Los kinestésicos se mueven más despacio que los visuales y auditivos.
- ✓ Su voz es más grave.
- ✓ Gozan de manera intensa aunque no lo expresan en forma verbal.
- ✓ Desean la cercanía de las personas cuando le saludan o le tocan.
- ✓ Les gustan las actividades donde puedan tocar, degustar, sentir algún aroma.
- ✓ Sus miradas tienden a estar hacia abajo a la derecha.
- ✓ Buscan su comodidad y la de los demás.

Ejemplo de algunas frases utilizadas: *trapitos al sol*, conectado con, flotando en el aire, fundamentos firmes, colgado de eso, mano a mano, cabeza caliente, poner las cartas sobre la mesa.

Algunas palabras: tocar, agarrar, caer en cuenta, sacar, fuera, sostener, temblar, impresión, duro, pensado.

Con estos elementos podrás establecer una comunicación más asertiva y cercana con el cliente. No olvides el *Seniority*, necesario para estar al nivel del cliente. Compórtate, exprésate y hasta camina como él, siempre conservando tu esencia. Eso te va a permitir igualarte, independientemente de las diferencias sociales, económicas y culturales que puedan existir. Al momento de hablar busca puntos en común. Ayudan mucho los pasatiempos, viajes y la cultura general. Recuerda que esto aplica para que subas el nivel y también para que lo bajes, dependiendo del nivel del cliente.

Finalmente, si hacemos una correcta prospección y en el primer contacto virtual, presencial o físico, logramos establecer las conexiones emocionales con el cliente, la *Pielpatía* será la consecuencia.

Recuerdo un comercial de televisión argentino en el que un joven, de aproximadamente dieciséis años, va a conocer a la familia de su novia en una cena familiar. En ella estaban presentes su suegra, suegro, cuñado mayor de unos dieciséis años aproximadamente, cuñado menor de menos de ocho años y la abuela de su novia.

Sentados en la mesa, la abuela tomó la palabra, con tono irónico y una ceja levantada, le dijo al joven: "Me contó Laura que estás con la guitarrita todo el día", a lo que él respondió con una sonrisa: "Toco tango". Su novia agregó: "Y canta, abuela". De inmediato la abuela quedó como embelesada por el muchacho y dijo: "Yo bailo".

Luego, su cuñado mayor, con cara arrugada, le dijo en tono de menosprecio: "¿Tango?", y él de inmediato respondió: "Tango fusión con rock" y su cuñado también cayó embelesado y sonriente al igual que la abuela. Al cuñado menor pudo embelesarlo al regalarle un dinosaurio de origami. Y mientras comía el joven dijo: "Creo que al fin alguien superó el risotto de mi abuela" a lo que su suegra respondió con una gran sonrisa: "Lo hice yo", quedando también embelesada. Luego el suegro tomó la palabra y con ambas cejas levantadas, la frente arrugada, y un pequeño giro en la cabeza, dijo: "Bueno, bueno, ¿y haces algo útil con tu vida?", entonces quien habló fue la novia: "Estudia medicina, como tú, papá".

Ya te podrás imaginar la expresión de embelesamiento del suegro. Este es uno de los mejores ejemplos de *Pielpatía* a diferentes niveles. No fueron impedimentos las edades, el género o los prejuicios. El muchacho pudo superar todos los presentes atinando en el interés de cada individuo, pero para llegar a eso seguramente hizo una prospección detallada con su novia, pudiendo identificar previamente el punto clave de cada quien.

Así que no hay excusas para no hacer *Pielpatía*. Sigue al pie de la letra lo explicado en el primer contacto y lograrás no solo colocarte en los zapatos del cliente -empatía tradicional-, sino que también te pondrás en su piel y llegarás a sentir lo que él siente.

Este momento también es preciso para asomar la inversión que tiene que hacer el cliente en tu producto o servicio. Como lo mencionamos en la prospección, el presupuesto debe ser verificado y cuando se crea esta atmósfera mágica, se facilita mucho preguntar cuánto está dispuesto a invertir, cuál es el presupuesto destinado para la compra y cuál es el fondo de reserva del cliente. Si no cuentas con esta información o el cliente no te la quiere proporcionar, es bueno ofrecer un monto aproximado que permita medir su reacción y preparar una propuesta más cercana a su realidad.

Evidentemente, esta no será la única medida para preparar tu propuesta, igual te toca seguir prospectando con tu equipo, a través de la revisión de proyectos anteriores o la realización de llamadas telefónicas. Recuerda que algunos clientes han sido criados con el mal de ocultar su presupuesto para sacar ventaja de la negociación, así que lo que te diga el cliente puede tener un toque de exageración o engaño.

PROPUESTA

Imagínate que un genio salió de su lámpara y te concedió el deseo de tener comiendo de la palma de tu mano a ese amor platónico que tuviste alguna vez. La única condición es que le pidas matrimonio. Le dirías simplemente ¿Quieres casarte conmigo?

Lo mismo aplica en las ventas. Si te has esforzado tanto en realizar una prospección exhaustiva, y en el primer contacto embelesaste al cliente con tu *Pielpatía*, lo que te queda es hacer lo propio con la propuesta. Tiene que ser algo inolvidable, impresionante y único, así como si estuvieses pidiendo su mano.

No cometas el error de tener una propuesta genérica por salir del paso. A la que solo le cambies la fecha, número de cotización y nombre del cliente. Lo que le presentes se tiene que parecer a él.

La primera vez que mi papá salió del país, por un viaje de trabajo, nos trajo regalos a todos al volver. El primer regalo fue el de mi mamá, luego vinieron los de mis hermanos, y el mío lo había dejado para el final porque, según él, era el mejor de todos. Mi ansiedad era tal, que dejé de ver cualquier otra cosa que no fuese la caja rectangular que se acercaba a mis manos. Antes de abrirla la agité y pude escuchar que se trataba de unos zapatos. Al abrir la caja no pude disimular mi cara; eran horrorosos. No se parecían en nada a mí y nunca los usé, ni siquiera por respeto al dineral que mi papá había gastado. Ahora apartando lo duro que pudo ser para él que yo no los usara, me pregunto si compró los zapatos para mí o para él.

Esa misma pregunta tienes que hacértela en cada propuesta: ¿este producto es para mí o para el cliente? Porque los gustos personales están de más cuando usted no es el comprador. Por ello a continuación, te doy los seis elementos para construir una propuesta infalible:

1) Entiende las necesidades reales de tu cliente

Un día dos personas se peleaban por una naranja. El caso fue llevado a la corte y un juez determinó que la naranja debía ser dividida por la mitad. Esta decisión a pesar de que parecía obvia, no dejó contenta a ninguna de las partes. Lo que quería la primera persona era la concha para hacer una torta, y la otra persona lo que quería era el interior para hacerse un jugo. Hubiese sido mejor que el juez les hubiese preguntado para qué querían la naranja.

No dejes que tu experiencia nuble tu creatividad.

Independientemente de su experiencia, el vendedor que hace una propuesta basada en lo que cree que quiere su cliente, generalmente se equivoca. Cuando le quita el poder de decisión a su cliente puede perder la venta. Para evitarlo lo mejor es preguntar.

2) Atrévete a preguntar

Piensa en esto. Tienes escasos meses saliendo con tu conquista, apenas has conocido a una de sus amigas, y ella no tiene planes de llevarte a casa de sus padres. Mantienes la relación bajo perfil, a tal punto que en tu trabajo, no saben que están saliendo juntos. ¿La montarías en un caballo a ver la caída del sol en la playa? ¿Le harías abrir una botella en la arena con un anillo de compromiso y te arrodillarías mientras la abres? ¿O más bien le preguntarías si está dispuesta a pasar a otro nivel contigo?

Quien pregunta dirige.

Si bien es cierto que hay que arriesgarse, también es cierto que el riesgo debe ser controlado, especialmente cuando se tiene mucho que perder. Así que evita incomodidades, atrévete a preguntar. Quien pregunta dirige.

Eso sí tienes que saber preguntar, porque hay preguntas que lejos de acercarte al cliente lo que hacen es alejarte o, incluso, cerrarte la puerta.

3) Incluye detalles inesperados

Si los pequeños detalles hacen grandes diferencias, los detalles inesperados dejan sin aliento. Cada venta está cargada de momentos inusuales que difícilmente se repetirán. Es por ello que tu atención es determinante para saber qué va a sorprender a tu cliente.

Los detalles inesperados dejan sin aliento.

Volviendo a las propuestas de matrimonio, de las tantas que he visto, la que más me ha sorprendido fue la de un comercial de teléfonos móviles, en la cual un caballero tenía tiempo con su novia y había verificado que esta estaba dispuesta a dar el gran paso con él. El novio se lanzó en paracaídas y desde el aire, hizo una video llamada con ella diciendo que tenía algo que preguntarle. Al mover su teléfono le mostró lo que decía en el paracaídas: ¿Quieres casarte conmigo?

Cuando hablo de detalles inesperados, no me refiero a cosas que todo el mundo pueda hacer. Me refiero a romper los esquemas, los límites y a desafiar a la imaginación, tanto para poder lograr el sí de ella y el de tus clientes.

4) Innova la manera de hacerla

Tu propuesta debería tener el logotipo del cliente usado de forma correcta, respetando los manuales de uso de su marca, los colores y el lenguaje de la empresa.

Además de innovar en la forma, también hay que innovar en el fondo. Hace tiempo una de las cadenas hoteleras más importantes del mundo nos contrató para mejorar sus ventas en Venezuela, que a propósito de la crisis económica habían caído radicalmente. Luego de conocer a profundidad el negocio, estudiar el mercado, evaluar la competencia, y considerar los recursos y presupuesto que tenían a su disposición, nuestra propuesta fue crear una nueva demanda.

Planteamos un modelo de venta en el cual los vendedores tenían que viajar al interior del país a visitar empresas.

Al principio esto le cayó como un balde de agua fría a los directivos y gerentes del hotel, ya que hasta la fecha no había antecedente en ningún lugar del mundo de que los vendedores de esa cadena salieran a vender. Pero luego de nuestras explicaciones, y de las particularidades del mercado, aprobaron nuestra propuesta. Nos tocó capacitar y acompañar a todo su personal de ventas. Al poco tiempo los niveles de ocupación crecieron, y ese año la sucursal de Venezuela rompió récords de participación de mercado.

5) **Agrégale valor**

Lo que hago para agregarle valor a mis propuestas es ofrecer un obsequio, detalle o consideración especial, que generalmente está calculado en el presupuesto. Así genero una sensación de agradecimiento y sorpresa en el cliente. Todos tenemos algo que nos hace brillar los ojos, erizar la piel y sonreír sin control. El valor siempre será relativo y muy personal. Dedíquese a indagar esto con cada cliente.

Agregar valor es también estar preparado con varias propuestas. Si la entrega es presencial lleva contigo otras opciones debajo del brazo. Haz uso de alguna opción si la reacción corporal de la propuesta inicial no es la esperada. Considera que dar muchas opciones puede confundir a tu cliente y alejarlo de la venta. Si no está a gusto con lo presentado su cuerpo lo va a manifestar, así no mencione ni una palabra.

Cuando se trata de propuestas telefónicas es necesario *tener un as bajo la manga*, al igual que en el caso presencial. Para saber si debes ofrecer otra propuesta presta mucha atención a los cambios en el tono de voz, el tiempo de respuesta y la coherencia del discurso.

Para las propuestas virtuales, cuando se hacen por correo electrónico, es necesario realizar una llamada o enviar un mensaje de texto para confirmar su recepción, en el caso de que electrónicamente no tengas forma de determinar la apertura del correo, puedes medir de una vez la reacción del cliente y considerar los aspectos anteriores. De lo contrario, será muy difícil saber si debes enviar otras opciones al cliente. Si llegas a enviar una contra propuesta y el cliente había aceptado la primera, pero se le había olvidado llamarte, puedes crear confusiones, prolongar el cierre o incluso, perder la venta.

6) **Acompáñala de relatos emotivos**

La propuesta presencial o telefónica debe ir siempre acompañada de un relato emotivo. Si es virtual haga un contacto presencial o telefónico, ya que no tiene la misma efectividad cuando se hace por correo electrónico. Esto no es más que una experiencia emocional, preferiblemente real, que describa una experiencia de alguien con su producto o servicio. El relato emotivo tiene el fin de hacer reflexionar acerca de lo que se puede perder si no se toma la decisión ahora. Prepara los relatos, estos son muy útiles para detonar el llamado a la acción de los clientes y tendrán más efectividad si, además, los construyes para cada producto y para cada canal de comunicación de la PNL (visual, auditivo o kinestésico).

SEGUNDOS CONTACTOS

Después de la propuesta infalible el cierre es la consecuencia, pero tienes que considerar que si no logras que el cliente firme el documento, debes estar preparado para establecer un segundo contacto. Esta es una de las fases más desafiantes y angustiantes, porque en gran medida no depende del vendedor, pero solo el vendedor puede llevar al cliente al cierre.

Hay estadísticas que revelan que la venta se cierra en un quinto contacto con el cliente. Es por ello que hemos llamado a esta fase *segundos contactos*, en plural. Sin embargo la intención siempre es cerrar en el *primer contacto*, porque en cierto tipo de ventas no hay mañana.

La venta se cierra en un quinto contacto con el cliente.

Al igual que en el primer contacto, este seguimiento al candidato potencial se puede hacer por tres vías: virtual, telefónica y presencial. Además, si se conoce el canal de comunicación predominante del cliente (visual, auditivo o kinestésico), aplica lo descrito en el *Cuadro 1, PNL aplicada al primer contacto* de este mismo capítulo.

Haga una mezcla en los contactos con el cliente, no agote todas las opciones de una vez, dosifíquelas. Si es visual, una visita presencial sería una buena opción. Si es auditivo, las llamadas no fallan, mientras que el kinestésico le puede hacer vivir una experiencia a través de cualquier vía. En los segundos contactos se tiene que saber hasta dónde estirar la cuerda, porque si se insiste mucho se puede perder todo.

Busca el equilibrio entre presionar y hacer seguimiento.

No permitas que la ansiedad le gane la batalla a la paciencia. Es muy común ver cómo los vendedores tiran a la basura sus ventas cuando ponen al cliente contra la espada y la pared. A nadie le gusta que lo presionen y menos a los clientes.

No permitas que la ansiedad le gane la batalla a la paciencia.

Otro punto a considerar es que no estamos solos en el mercado. Cada obstáculo que se interponga es un tiempo valioso que puede ganar la competencia para llenarle la cabeza de interrogantes a tu cliente, así haya sido tu producto el seleccionado. En el mundo de la venta de equipos médicos se decía que la venta no estaba segura hasta que el producto estuviese atornillado en la sala de imagenología del cliente y que, además, el pago estuviese confirmado. Es por ello que las trabas que pueden aparecer en esta fase no tienen que ser originadas por ti, ni por tu producto, ni por tu empresa. Tienen que ser cosas que realmente se escapen de tus manos y, aun así, debes estar preparado para manejarlas.

Cuando estoy seguro que voy a perder un negocio, bajo mis márgenes de ganancia al mínimo y así obligo a la competencia a hacer lo mismo con el cliente, porque sería muy difícil justificar la compra a otro proveedor por una diferencia de precio tan considerable. Si voy a perder, procuro que tampoco la competencia gane tanto. Esta jugada estratégica, que puede ser cuestionable, se debe hacer en los segundos contactos.

Esta situación, te enseña a lidiar con los obstáculos más comunes en las ventas: las objeciones. Muchos autores hablan de que hay que aprenderse antídotos para contrarrestar cada objeción que el cliente te presente, algo que me parece absurdo. La venta no se trata de memorizar fórmulas.

Es más, yo no rebato las objeciones del cliente. Esto puede desatar una guerra innecesaria de egos que no va a llevar a nada bueno. Y a pesar de que el cliente no siempre tiene la razón, él sí tiene sus razones, y yo no soy quién para desmontárselas.

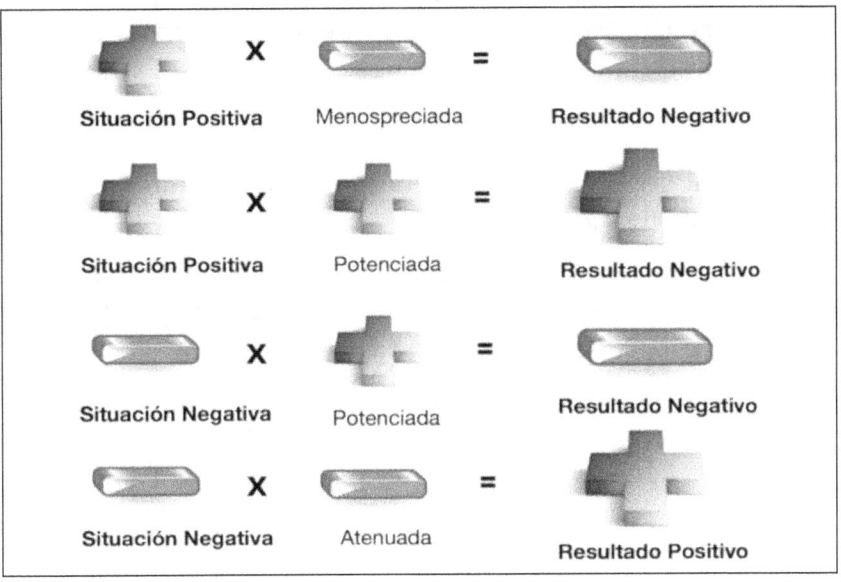

Imagen 3.- El Álgebra de las Ventas

Yo me dedico más bien a entenderlas, eso siempre me ha dado buenos resultados. Para ayudarte un poco más a entender las objeciones, quiero que conozcas mi arma secreta: el Álgebra de las Ventas.

No te asustes, que no voy a evaluar tus conocimientos en matemáticas. Por el contrario, vamos a sacarle el máximo provecho al álgebra para entender las objeciones de los clientes y poder concretar exitosamente la venta.

Comencemos con el primer caso: *más por menos es igual a menos*. Imagina que un estudiante de bachillerato obtiene calificaciones ligeramente superiores a la mínima para aprobar. La máxima es de veinte puntos, y este muchacho siempre sacaba entre diez y once. Se justificaba diciendo: "10 es nota y lo demás es lujo". Pero un día sorprendió a sus padres con una calificación de dieciocho puntos en una de las asignaturas más difíciles. Y el padre lejos de felicitarlo, dudó del resultado pues sospechó que se había copiado, e incluso llegó a pensar que había sobornado a su profesor.

No podemos negar que el haber obtenido dieciocho puntos sobre veinte es una situación positiva. Sin embargo al ser menospreciado y cuestionado, el resultado final termina siendo negativo. El adolescente lejos de motivarse para seguir obteniendo mejores calificaciones, termina renunciando a esforzarse más, porque igual va a ser criticado. Más (sacar 18) por menos (menosprecio de su padre) es igual a menos (desmotivación).

Más por más es igual a más. Del ejemplo anterior, ahora evaluemos la reacción de la madre. Ella por el contrario, se alegró. Lo felicitó y le dio ánimo para seguir obteniendo esos resultados.

La buena calificación del muchacho cuando se estimula, termina arrojando un resultado positivo. Más (sacar 18) por más (apoyo de su madre) es igual a más (motivación al logro).

Menos por más es igual a menos. Seguramente un cliente te ha recibido alguna vez con un balde de pesimismo, angustia y rabia, provocado por la mala situación económica que atraviesa su negocio.

He conocido vendedores que optan por hacer *Pielpatía* con el cliente, sintonizándose con esas emociones negativas. Esto es lo que conocemos como *Pielpatía* negativa. Se conectan con él, ratificando el porqué de su molestia y ponen el ambiente aún más tenso. Pero esos vendedores olvidan que están allí para vender su producto. Cuando intentan resarcir la situación, el daño es tan grave que el cliente ni escucha la propuesta.

Fuego no se apaga con fuego. Al potenciar la situación negativa que está atravesando el cliente, difícilmente se crearán condiciones favorables para vender. Menos (crisis) por más (*Pielpatía* negativa del vendedor) es igual a menos (venta perdida).

Para el último caso volvamos a usar el ejemplo anterior. Solo que en esta oportunidad el vendedor, lejos de conectarse con su negatividad, hace *Pielpatía*. Es decir, escucha, pregunta y le hace entender que no será ni la primera ni la última crisis que su negocio va a atravesar y que de su actitud dependerá el futuro de la empresa. Así evitamos que el cliente sienta que le están imponiendo algo.

Por el contrario él mismo reflexionará, menospreciará su objeción y le abrirá las puertas a la venta.

Una situación negativa, en este caso la crisis que atraviesa el negocio del cliente, que no es ignorada sino atenuada al conectarse con la solución y no con el problema, te permitirá obtener un resultado positivo. Menos (crisis) por menos (*Pielpatía*) es igual a más (venta segura).

Este es un ejemplo de cómo conectarse con el ser y no con el problema. Cuando te conectas con la esencia de los clientes y ayudas a resolver sus problemas, las objeciones quedan desplazadas a un segundo plano, así sean de dinero. Además, te conviertes en alguien capaz de ayudarle a solventar sus crisis, al mismo tiempo que desarrolla la capacidad de superar los obstáculos que la competencia pudiera insertar.

La ayuda establece reciprocidad.

CIERRE

En realidad esta etapa no debería llamarse cierre sino más bien apertura. A pesar de que culmina un ciclo es en esta fase donde, generalmente, inicia la relación más estrecha con el cliente. La cual dependiendo del tipo de producto, pudiera durar para toda la vida.

El cierre debe ser un momento sublime. No debe haber imprevistos en el estrechón de manos. Aquí puede salir a flote la peor cara del cliente. Lo digo porque he visto cómo las sonrisas se agotan, la confianza se limita y la tensión crece. Por ende, debes considerar estos tres elementos:

- **Premisa del cierre**

  El que muestra hambre no vende.

  Casi ninguna institución financiera está dispuesta a dar un financiamiento a quienes no tienen cómo pagarlo. Lo curioso es que los que están pidiendo un crédito es porque probablemente no tengan dinero, pero así es el mundo de las finanzas. En las ventas esta regla tampoco se omite.

  Así sea tu primer negocio de envergadura, tu cliente no puede percibir que se te ruborizan los cachetes, que tus manos sudan o que se entrecortan tus palabras. Este es el momento de los grandes. Tienes que mostrar serenidad, tranquilidad y hasta un poco de arrogancia. Es la única manera de hacerle ver que si no toma la decisión ahora, es él quien se lo pierde.

  La mentira, la exageración o el regateo pueden hacerse presentes en este momento. Habrá clientes que se hacen los sufridos, que hacen creer que no tienen dinero o que ya no están interesados, todo con el fin de poder sacar algo de ventaja en la negociación. Tienes que estar firme y mantener la lucha. Eso no quiere decir que no tengas que hacer concesiones. Pero verte muy hambriento te puede sacar del juego.

- **Preparación para el cierre**

  Esta fase permitirá saber si de verdad se está en el cierre, o si todavía toca seguir haciendo contactos. Muchos vendedores no saben identificar si ha llegado al momento de comenzar a coordinar la entrega, solicitar la firma del contrato, o pedir el pago. Los buenos vendedores de tienda, después de que te guían, recomiendan y asesoran en la compra, te preguntan: "¿Cómo lo va a pagar?". Si ellos pueden hacerlo, ¿por qué nosotros no? Claro está, en las ventas de alto nivel no siempre se cuenta con las mismas condiciones que tienen los vendedores en las tiendas. Es por ello que se debe tener en cuenta lo que sigue a continuación.

1) **Verificación previa al cierre**
   - Al cliente le tiene que gustar tu propuesta por encima de las demás. Si esto no ocurre, y está aún revisando propuestas de la competencia, no estás en fase de cierre.
   - Tu propuesta tiene que ser la más razonable para el cliente. Fíjate que no dije la más barata, sino la más razonable.

2) **Preparación mental para el cierre**
   - Elimina los obstáculos al cliente. Es necesario que esté convencido de que eres la mejor opción para él, y así poder sobrepasar las posibles trabas que se presenten. No seas tú quien limite el cierre.
   - Prepárate para que el cliente tome la decisión ahora. Ya superaste las etapas donde aguardabas la llamada del cliente de forma pasiva. Aquí no hay mañana, tienes que hacérselo entender. Te puede ayudar comunicarle que todas sus exigencias se han cumplido y ahora solo esperas por su firma.

3) **Preparación física para el cierre**
   - Requiere conocimiento absoluto del producto y de las necesidades del cliente. Hay momentos en el proceso de ventas

en los que puedes tener interrogantes acerca de tu producto o servicio, pero en el cierre eso es letal. Si tienes dudas, acláralas antes. También debes refrescarle al cliente sus necesidades y de qué manera tu producto las atiende.

- Ten actitud adecuada. El cliente debe sentir que es él quien te necesita a ti, a tu producto y a tu empresa. Si le haces sentir que dependes de él, puede llegar a exigir muchas concesiones y condiciones que no ameritan otorgarse o que son inalcanzables. Evita hacer celebraciones después de obtener el sí en lugares con cámaras de seguridad, o en sitios frecuentados por el cliente. Nunca menciones el nombre del cliente, ni el de su empresa en lugares públicos, y mucho menos comentes información confidencial, porque nunca sabes a quién tienes a tu alrededor.

4) **Preparación para el no**

- Identifica el porqué de la negativa del cliente. Indaga si entró la competencia, el cliente perdió el interés o fue por falta de seguimiento. Esto determinará si lo que nos quedó fue un aprendizaje, o si podemos rescatar la venta retrocediendo a los segundos contactos, cuarto paso de la *Brújula de Ventas Cones*.

- Comprueba si el cliente no puede. Independientemente del presupuesto reservado, es posible que, por gastos inesperados, tenga que postergar el proyecto. Aprovecha esto para definir cuándo vuelves a contactarlo. En ocasiones debemos retroceder al tercer paso de la *Brújula de Ventas Cones*: la Propuesta.

- Mantén una actitud neutral. De la misma manera que debemos estar preparados para manejar el sí, tenemos que hacerlo para el no. Es natural sentir rabia, tristeza y frustración, después de una negativa. Me han tocado clientes que hacen esta maniobra para probarme. Hazles sentir que es él o ella quien se lo pierde.

- El no de hoy va a ser un sí mañana, y no necesariamente porque se cierre la venta. Pero sí por el aprendizaje que se obtiene. Aunque no haya marcha atrás y todo esté perdido, no hay que dejar de visitar al cliente. No hay nada que genere más deuda moral que la visita desinteresada después de haber perdido el negocio. Siempre se sacan futuras ventas, recomendaciones o alianzas comerciales.

No se quede con el no. Debes estar seguro si la venta se perdió porque se descuidó al cliente, no se ganó su confianza como para saber que el competidor estaba también en evaluación, o se evidenció poco profesionalismo de tu parte.

Cuando un cliente dice NO, lo que está diciendo es "No me han convencido".

- **Proceso de cierre**

Después de tener presente la premisa y realizar la preparación para el cierre, es vital que tengas en cuenta estos seis pasos para poder cerrar:

1) **Tener máxima concentración**

Si tienes algo muy importante que realizar, como ir a buscar a tu hijo al colegio, devolverte a apagar la cocina o estar esperando una llamada familiar del exterior, es preferible que postergues el cierre. Tu mente no te acompañará al 100%, tu energía se va a dividir entre lo que tienes pendiente afuera y lo que debes hacer para cerrar.

Define prioridades, establece qué es más importante y pide ayuda. Siempre será más fácil encontrar quien te ayude a resolver los temas personales, que encontrar a alguien que cierre la venta por ti.

2) **Buscar los síes o** *minicierres*

Esto se deriva de la *Técnica de la carne mechada* del capítulo dos, mi método para alcanzar las metas paso a paso. Solo que ahora en lugar de *minimetas*, serán *minicierres*.

Siempre es necesario preparar al cliente para que diga sí. Yo me valgo de trivialidades como el clima, el deporte y datos de su empresa para que vaya diciendo sí, y cuando toque la pregunta de cierre, el sí sea prácticamente un reflejo.

3) **Llevar al cliente al callejón sin salida y empujarlo**

No se trata de poner una pistola en la cabeza del cliente. Pero si tu producto o servicio es la mejor opción, lo puede pagar y lo está necesitando, es necesario darle el empujón adicional para que se decida definitivamente.

Lo que generalmente hago es dividir, de forma vertical, una hoja de papel por la mitad con una raya. Escribo a la izquierda las razones por las cuales debe hacer la compra, obviamente tienen que ser muchas y de peso. Luego, del lado derecho, lo invito a que sea el mismo cliente quien escriba las razones por las cuales no puede hacer la compra. Casi siempre la reacción es la misma, no escriben nada y terminan firmando el documento.

4) **Manejar el poder del silencio**

Como vimos, tan importante como saber hablar es saber escuchar. Dedíquese a hacer preguntas y a esperar respuestas.

Saber hacer silencio también implica no sobrevender, porque una vez que se obtiene el sí ya no hay más nada de qué hablar. Cuidado con seguir hablando de las bondades del producto o servicio. Lo que hago es estrechar su mano, sonreír e indicarle dónde debe firmar.

5) Tener cartas bajo la manga (concesiones)

No soy partidario de elevar mucho los precios para cubrir cualquier descuento adicional, que toque darle al cliente en el cierre. Aunque es necesario tener un colchón que permita cubrir imprevistos.

En una ocasión un cliente, que iba a comprar una impresora de placas de Rayos X, pidió al vendedor encargado de esa línea de productos el precio unitario de cada consumible y descartable. Luego solicitó el precio de diez unidades, después el de cien unidades y siguió aumentando hasta obtener el precio de mayorista. Con esa información, pidió que le vendieran algunas unidades y que se fijara ese precio de por vida, de lo contrario le iba a comprar a la competencia.

Desde que viví eso siempre tengo al menos una carta bajo la manga con cada cliente. Claro, no todas las concesiones son descuentos, también se puede otorgar reducción en los tiempos de entrega, personalización del producto, o condiciones de pago flexibles.

6) Dejar la victoria al cliente

Si el vendedor no es egocéntrico no lo contrato, porque creo que esa fuerte creencia en sí mismo se puede convertir en su salvavidas para superar los naufragios de las ventas. Eso sí, siempre les dejo clarito que ese ego debe ser utilizado solo en caso de emergencias. Usarlo para pretender saber más que el cliente, humillar a la competencia, u opacar a sus compañeros de trabajo, es una causante de despido inmediato. También es un inconveniente usarlo cuando se cierra una venta. Si quieres tener buena reputación en el mercado, y que además te vuelvan a comprar, el cliente tiene que sentir que es el ganador. No lo olvides.

La historia con el cliente no puede terminar en el cierre de la venta. Más bien esta etapa debe ser el inicio de una relación que va a perdurar toda la vida. Para ello tenemos que alcanzar su felicidad activa total.

FIDELIDAD ACTIVA TOTAL

Ningún negocio se mantiene exclusivamente con nuevos clientes. Primero porque no son infinitos, y después porque casi nunca se tiene un producto único en el mercado. Es por ello que el mantenimiento y cuidado de la cartera de clientes existentes es uno de los pilares de las empresas. Resulta más económico porque se realiza menos inversión en marketing, es más fácil negociar con personas que te conocen, y desde el punto de vista administrativo es menos engorroso venderle a alguien que ya te incluyó en su sistema.

Esta última etapa de la *Brújula de ventas Cones* pretende convertir a tus clientes en el equivalente a hinchas. Estos así su equipo pierda, siempre están apoyándolo, es más, cuando van perdiendo es cuando manifiestan más algarabía. Imagínate que podamos trasladar eso a las ventas y cuando toque subir el precio, el producto venga defectuoso, o haya habido problemas en la entrega, en lugar de recibir molestia por parte del cliente, reclamo o inconformidad, recibas comprensión y solidaridad.

También es importante buscar la manera de conseguir en el cliente la figura de vendedor interno, capaz de ofrecer tu producto o servicio a cuanta persona conozca. Ese trabajo se logra estrechando vínculos desde el ser y no desde el producto. Yo siempre busco relacionarme de la misma manera con los dueños, gerentes y personal de limpieza. Nunca se sabe quién es tomado en cuenta en las decisiones.

Otros elementos a considerar, para alcanzar la tan anhelada fidelidad activa total, son los siguientes.

- **Brinda un servicio de alto nivel**

Prestar un buen servicio no es un valor agregado ni algo adicional, por el contrario, es parte de lo que espera recibir un cliente. Como lo vimos en el capítulo ocho, lo que genera sensación de endeudamiento emocional es cuando se atienden necesidades que van más allá del producto. No olvides lo clásico: buena y rápida atención, trato amable, ambiente agradable y trato personalizado.

Brindar al cliente un servicio de alto nivel nos permite ganarnos su confianza y preferencia y, por ende, lograr que vuelva a visitarnos. Bien sea para comprarnos o para recomendarnos.

- **Crea barreras de salida**

No se trata de obligar a nadie a quedarse en tu empresa, volverte a comprar o recomendarte. Pero, si en algún momento el cliente decide retirarse, las barreras de salida lo harán considerar si está tomando la decisión correcta.

Una vez me iba a cambiar de proveedor de telefonía móvil. Al llamar para cancelar la afiliación, me hicieron saber que, de suspenderla, iba a perder todos los puntos del club que hasta el momento había acumulado, los cuales eran intercambiables por minutos libres, datos de navegación y hasta por nuevos dispositivos. Al darme cuenta de lo que podía perder, preferí no cancelar la línea. La sensación de pérdida es una de las cosas que más nos mueve a tomar las decisiones, y funciona muy bien cuando queremos establecer barreras de salida.

También puedes usar incentivos o promociones de ventas que tengan como objetivo lograr que el cliente repita la compra o vuelva a visitarte.

- **Trabaja la posventa**

Siempre tienen que haber servicios después de efectuada la venta, por ejemplo: servicio de entrega a domicilio, instalación gratuita, asesoría en el uso, reparación y mantenimiento, entre otros.

Trabajar en la posventa permite mantener el contacto después de la venta.

- **Evita la repetitividad y obsolescencia**

Constantemente tienes que innovar tus productos, servicios y presentaciones. El cliente siempre tiene que sentir que debe comprar lo nuevo. Y esto no es solo cambiar el empaque, logotipo o colores de su marca. Debe ir acompañado de un cambio profundo.

Evidentemente, la velocidad de estos cambios dependerá del tipo de negocio. Un banco que brinde seguridad y confianza no debe estar innovando tanto su imagen, pero sí en los servicios financieros que ofrece. Por otro lado, si el producto o servicio está relacionado con la creatividad, la velocidad de innovación tiene que ser mucho mayor.

- **No pierdas el contacto con el cliente**

Cualquier excusa es buena para realizar una llamada, enviar un correo electrónico o realizar una visita presencial, especialmente cuando no está vendiendo nada. Pero cuidado con hacerlo con demasiada frecuencia, pues puede ser percibido como que estás hambriento de vender. No satures su buzón de correo con felicitaciones estándares en su cumpleaños, día de la madre, o navidad. Todos sabemos que esos mensajes no son personalizados y no están dirigidos a una única persona. Si deseas felicitarlo por algo es preferible una llamada breve.

No perder el contacto con el cliente permite hacerle sentir que nos preocupamos por él y por su adquisición. También sirve para comunicar nuevos productos y promociones.

- **Estimula el sentido de pertenencia**

Crea comunidades, grupos estrechos y organizaciones. Haz que el cliente se sienta parte de la empresa, brindándole un buen servicio, pero también haciéndolo participar en las mejoras corporativas. Pídales sus comentarios y sugerencias.

Otra forma de lograr el sentido de pertenencia en el cliente es creando la posibilidad de que pueda suscribirse o ser miembro de la empresa, por ejemplo, otorgándole un carnet de socio o una tarjeta de cliente especial, con los cuales pueda tener acceso a ciertos beneficios.

Ahora tienes las herramientas para vender lo que desees a quien desees, y al precio que desees, a través de la *Brújula de ventas Cones*. Para hacer de las ventas tu estilo de vida queda convertirte en una marca personal. Esto lo veremos en el último capítulo de este viaje sin retorno al éxito profesional y personal.

Capítulo X
Siguiendo el ejemplo de mamá

Aplicar al pie de la letra la *Brújula de ventas Cones* llevó a *Cones Consulting Group* a recibir el Premio Internacional *Quality Summit*, en la Convención Internacional de Calidad 2017 en New York.

El siguiente paso era encontrar mi rumbo personal. Soy de los que cree que, cuando se tienen cubiertas las necesidades básicas, se puede exprimir al máximo la mente para crear y siempre será más fácil trabajar en lo interior.

Trabajar en mí no era solamente encontrarme como persona, sino además dedicarme a hacer algo que me permitiera dejar huella en lo profesional. Lo que no había tenido en cuenta era que ser conferencista significaba seguir el ejemplo de mi mamá, quien dedicó toda su vida a ser maestra. Y aunque yo no estaba dedicado al mismo oficio, el propósito era igual. Ambos ayudamos a personas a superarse, inyectando ética en sus venas y llenando sus mentes de conocimientos, ella con niños y yo con vendedores.

A finales de 2014, un poco más de un año después de haber iniciado Cones Consulting Group, me dediqué a esculpir a alguien que realmente fuese único. Conferencistas había muchos, pero no quería ser uno más del montón. Quería ser recordado. Tocaba encontrar en mí algo que me hiciera único y que además la gente estuviese dispuesta a pagar por ello.

Nos dimos cuenta que debíamos hacer una marca personal, un concepto que apenas estaba entrando en el mercado y que era muy difícil de comprender. Debo confesar que al principio la idea no me gustaba. Lo que yo quería era construir un equipo. Sentía que la marca personal me alejaba de ese propósito, por ser muy individualista.

Aún así decidí investigar, tomé varios cursos y comencé a entender que desarrollar una marca personal era realmente alinear la identidad con la imagen. En otras palabras, es hacer que lo que diga y opine la gente de mí sea exactamente igual a lo que yo quiero comunicar.

En mi indecisión sobre construir una marca personal fui a un concierto del colombiano Carlos Vives. Antes de comenzar se exhibía un logotipo gigante de sus iniciales en la pantalla detrás de la tarima. Me di cuenta que él, al igual que muchas personalidades y figuras públicas, utilizaban recursos del mercadeo y la publicidad para hacerse inolvidables.

Mi mente se fue abriendo aún más. Al comenzar el concierto el cantante apareció en escena acompañado de su acordeonista. Este estuvo con él en primer plano durante casi todo el concierto, demostrándome que una marca personal no es tan individualista como yo creía. *La guinda del pastel* fue cuando, casi terminando su presentación, cantó un tema dedicado a su país, en donde proyectaba imágenes de lo que para mí eran sus competidores, cantantes de su género y algunos otros, pero con algo en común: todos eran colombianos.

Al siguiente día me tocaba dictar un curso en una de las primeras empresas que nos contrató. Apenas llegué reuní al equipo que en ese momento aún no cobraba un centavo y les dije: Ya entendí lo que me decían, ahora sí vamos a crear una marca personal.

Antes teníamos que entender cómo podía convertirme en una marca comercial. A diario vemos cómo las empresas, buscando calar en la mente y en el corazón de sus consumidores, se dedican a crear nombres, términos, símbolos, diseños o una combinación de estos elementos para identificar y diferenciar un producto de otro y así crear su marca comercial.

Teníamos que crear estos elementos ahora para mí, buscando diferenciarnos del resto de los conferencistas. Porque los que teníamos para la empresa no funcionaban.

Lo primero que hicimos fue crear un logotipo que me identificara. Era común ver personalidades del mundo artístico, deportivo y de la farándula, con sus logotipos. Pero para alguien del mundo corporativo, eso era impensable.

Lo otro que hicimos fue definir un eslogan que describiera quién soy y qué hago. Para esto nos apoyamos en un publicista mercadólogo, idóneo para ayudar con esto, sobre todo con la fonética, rima y melodía que requieren las palabras al leerlas. El primero que creamos fue *Vender es vivir*. Nos parecía genial, era corto, comunicaba la esencia de nuestro trabajo en dos palabras. Pero como todo, por ser el tema de las ventas algo nuevo, cuando se llevaba al plano personal fue rechazado por un gran número de personas. Sin embargo, lo mantuvimos por un poco más de un año, hasta que dimos con el ideal, que más tarde se convirtió en el título de este libro: *Vender es un estilo de vida*.

Ahora teníamos que medir la sincronía que tenían el logotipo, el eslogan y demás piezas gráficas con respecto a mis conferencias. La gente tenía que recibir lo que se mostró en la promoción, porque de nada sirve ofrecer algo que después no se va a cumplir.

Para nuestra sorpresa y fortuna, desde el primer evento la gran mayoría de la gente salía agradecida, impactada y enamorada de algo que nosotros mismos estábamos descubriendo. Allí nos dimos cuenta de que podíamos elevar el nivel desde las artes gráficas porque el mensaje sí llegaba. Podíamos impregnar mi experiencia, conocimiento y trayectoria, con un concepto diferente, rico en contenido, pero a la vez divertido, gracias a la utilización de los recursos del arte, como teatro, cine y música.

Pero yo me veía al espejo y me sentía como encapsulado. Era como si estuviese metido en una olla de presión. Te confieso que, a veces, el desgaste emocional superaba cualquier cansancio físico.

Entendí que tenía que zafar un poco el nudo de mi corbata y dejar salir progresivamente a ese artista que clamaba a gritos expresarse. Ante esa sensación tan desagradable, decidí ahondar más en el tema, pero ahora desde una perspectiva más interna.

Comenzamos a trabajar en temas más personales, que a continuación voy a compartir contigo para ayudarte a construir tu marca. Para ello, debes responder las preguntas a continuación:

¿QUÉ QUIERES SER?

Responder esta pregunta implica sincerarte contigo mismo e ir a lo más profundo de ti.

Para ese momento, tenía en mi hombro un largo recorrido en ventas, una extensa capacitación académica y ganas infinitas de parecerme más a mí en tarima. Fue cuando dije: Yo quiero ser el artista de las ventas. Esto al principio, fue completamente rechazado, incluso por mi equipo, porque estaban seguros de que no iba a encajar en el mundo corporativo.

Le dije a mi equipo que buscáramos un nuevo nicho de mercado, un nuevo segmento de clientes que de verdad quisieran recibir la esencia de alguien que decidió ser coherente consigo mismo y combinar toda su experiencia de vida, sus sueños y su trabajo, en una misma tarima.

No ubicábamos a ese nuevo público. Pensé que la gente no estaba preparada para recibir esta fusión de espectáculo y herramientas de ventas. Después me di cuenta que tenía más que ver que mi equipo, no creyera en mí lo suficiente. No me quedó más remedio que desistir de esta idea y volver al esquema tradicional. El que ya sabíamos cómo vender.

Afortunadamente, nunca dejé de lado ese concepto. Más bien lo fui incorporando gradualmente. Dos años más tarde, armé un nuevo equipo, ellos sí creían en *el artista de las ventas*. En septiembre del año 2016, un poco menos de un año de haber retomado el proyecto, el diario más importante de negocios de Venezuela publicó en su portada: "Luis Cones. El vendedor que se convirtió en el artista de las ventas".

A partir de allí fui premiado como Conferencista del Año 2017, por la Organización Premio El Emperador Internacional, Motivador del Año 2017 por los Premios *Occamy's Internacional* y Personalidad Emprendedora del Año 2016 por la Organización Premios Santa Cecilia.

Y mejor aún este mismo concepto, por el cual había sido tildado de loco, desubicado y hasta de poco profesional, fue el que me abrió las puertas en el país de las ventas, Estados Unidos de América, en el cual me han permitido residenciarme gracias a mi talento extraordinario de fusionar, en una misma tarima, el espectáculo con las ventas ¿*Quién lo diría?*

¿Qué hubiese pasado si desistía, si no hubiese retomado el proyecto? Es por eso que tienes que encontrar esta respuesta de lo que quieres ser en lo más profundo de ti. No te pongas límites, no ignores ninguna idea, y cuando te tilden de loco, desubicado y poco profesional, probablemente es porque estás llegando a la cúspide del éxito.

¿QUÉ SABES HACER?

Esta pregunta se responde desde una perspectiva más pragmática. Lo que tienes que hacer es sumar tu experiencia laboral, conocimientos académicos y vivencias obtenidas.

Lo primero que hicimos fue considerar la experiencia de más de seis años como *Account Manager* en una de las empresas más importantes del mundo: *Siemens*. Luego los dos años como especialista de ventas *Full Line* y antes como asistente de ventas, en el distribuidor de equipos médicos líder en Venezuela: *Gevenmed*. Los otros dos años como *Team Leader*, ingeniero junior y pasante en las consultoras de ingeniería.

Desde el punto de vista académico, analizamos que mi formación en ventas, PNL, *Coaching*, liderazgo transformacional y gerencia del cambio, la había obtenido de la academia alemana *Gustav Käser*, de la empresa de consultoría norteamericana *PCOs International* y de la Universidad de la Sabana en Bogotá. Y que también había cursado estudios de Maestría en Gerencia de Empresas en la UNIMET, Diplomado en Gerencia Avanzada, Diplomado de Negocios Internacionales y que era ingeniero electricista también egresado de la misma casa de estudios.

Finalmente, cuando revisamos las vivencias personales, nos quedamos con las que consideramos podían ser más explotadas para el tema de la marca personal, como haber sido padre a los veintiún años, mejor vendedor en la región andina de *Siemens*, tercer lugar en mi promoción de ingenieros, tener beca para cursar estudios universitarios, presidente del Centro de Estudiantes y preparador de algunas materias claves en la universidad, profesor privado, presidente de la agrupación *Los Cursis* en el bachillerato y haber logrado mi primera venta a los cinco años de edad.

Recordar y combinar todo lo aprendido en tu vida te permitirá construir las otras etapas de la marca personal. Si las estás respondiendo en la medida que lees, anótalas. No las dejes en tu mente.

¿QUÉ PUEDES HACER?

Mucho es lo que se dice y poco es lo que se hace. Sea ambicioso, pero no se engañe.

Afortunadamente, mi condición económica, familiar y personal, me permitían tener una libertad para dedicarme de lleno a este proyecto que comenzó humanizando las ventas y que luego pudimos fusionar con el espectáculo. Entiendo que para el caso madres y padres solteros, personas con parejas pocos comprensivas y aquellos que tienen restricciones económicas severas, esto puede ser difícil pero no imposible. Posicionar un nombre y convertirlo en marca personal consume mucho tiempo. Debes estar dispuesto a tener una vida social muy amplia y esto requiere gran inversión económica. Si te falla alguno de estos elementos se hace mucho más difícil convertir tu calidad profesional en una marca comercial.

Aquí también tienes que definir lo que no puedes hacer por tus costumbres religiosas, principios y valores. Siempre recuerdo el caso de una entrevista que le hicieron a una amiga, en la que no podían revelar el nombre de la empresa que la contrataría hasta que pasara todas las pruebas y llegara al final del proceso. Ella, solo por la curiosidad de saber cuál era la empresa, se sometió a todas las pruebas sicológicas, sicotécnicas y de salud. Y después de esa larga selección, resulta que había sido la escogida, pero aún no le decían el nombre de la empresa. Le presentaron el paquete económico que iba a percibir y solo si le parecía atractivo le revelaban el misterio y procedían a la firma del contrato. Lo cierto es que después de recibir esa oferta económica tan suculenta y tentadora, le dijeron que la empresa era una tabacalera mundial y que su responsabilidad iba a ser latinoamericana. Ella sin pensarlo, rechazó la propuesta, ya que su padre había muerto de cáncer en los pulmones.

Las críticas no se hicieron esperar de parte de sus allegados, por considerar que estaba desaprovechando una gran oportunidad. Pero ella tenía los límites de su vida claramente definidos, y sabía lo que debía hacer. Algo que en marca personal requiere ser definido.

Nosotros definimos no realizar capacitaciones a empresas que fabricaran productos que atentaran directa o indirectamente con la vida de las personas, no enseñar a los vendedores a utilizar la manipulación como una herramienta de ventas, y no capacitar a empresas que realizaran publicidad engañosa o que fabricaran productos al margen de la ley.

¿QUÉ ES VALORADO POR TUS CLIENTES?

Si preguntas a los clientes abiertamente qué es lo que ellos valoran de ti, probablemente sus respuestas no le van a agregar mucho valor a tu marca. Nosotros entendimos que había que definir cuáles eran los elementos que queríamos que ellos valoraran de mí y a partir de allí, construimos preguntas más cerradas que nos ayudaron a responder esta interrogante.

El planteamiento lo hicimos basado en nuestros pilares: ventas, estilo de vida y superación personal. Con esto descubrimos que lo que los clientes más valoraban de mí, en primer lugar, eran las técnicas de ventas y mi conocimiento, luego la manera tan particular y sencilla que tenía para comunicar mis ideas y por último, el provecho que le podían sacar ellos para superarse a través de un cambio significativo en su estilo de vida.

Mi equipo y yo creíamos que para nuestros clientes era más importante su superación personal que el conocimiento y experiencia que yo podía tener en ventas. Pero saber esto nos permitió hacer un mayor énfasis acerca de Luis Cones en nuestras comunicaciones, por encima del mismo beneficio que podían obtener.

Luego de responder estas preguntas, el siguiente paso es definir la columna vertebral de la marca personal: la identidad y la imagen.

IDENTIDAD DE MARCA

Basado en todo el insumo obtenido de las preguntas, teníamos que definir nuestra esencia, pero ya no tan ambigua y genérica, aquí teníamos que construir lo que nos iba a diferenciar del resto.

Edificamos un modelo de capacitación con tres componentes: corporativo, educativo y divertido. Pudiendo así atender las expectativas de las empresas, academias y público general que también desea pasar un rato ameno. Siendo este último nuestra contribución diferencial con respecto a los demás conferencistas de ventas, que basaban su capacitación fundamentalmente en los dos primeros componentes.

Luego nos tocó construir las etapas de absorción del conocimiento, es decir, cómo se iba gestar el proceso de aprendizaje para los participantes. Definimos: inspiración, reflexión y acción, porque la mayoría de los eventos de este tipo motivaban a los asistentes, y a algunos los trasladaban a su realidad, pero ninguno detonaba su llamado a la acción. De este modo marcamos otra diferencia notoria.

Finalmente, *la tapa del frasco* fue incorporar las bellas artes en nuestras conferencias. Específicamente con el uso de herramientas audiovisuales de los mejores espectáculos del mundo, así como inclusión de la cinematografía, el teatro y la música.

IMAGEN DE MARCA

Aquí toca corroborar si, efectivamente, el mensaje está llegando con la intencionalidad y énfasis que necesita.

En nuestro caso, entrevistábamos a los asistentes y concretamente determinábamos si los elementos diferenciales estaban dando los resultados esperados. Y a pesar de que para algunos puristas las pinceladas de arte, espectáculo y show que incluíamos les parecían innecesarias, ellos mismos reconocían que esos elementos eran los que nos permitían diferenciarnos del resto, y además hacerles la estadía lo más entretenida posible al público, sin perder el profesionalismo que nos caracteriza. Por otro lado, los que simplemente se dejaban llevar por la experiencia, reconocían que disfrutaban muchísimo y creaban un sentido de fidelidad y fanatismo inesperado, lo cual se convertía en más ventas.

La única manera de convertirse realmente en una marca inolvidable y dejar huella es con la alineación de la imagen con la identidad, así que frecuentemente debes revisar si ambas están siguiendo el mismo camino.

VALOR DE LA MARCA

Cada marca sobre todo cuando es personal, debe definir sus valores, pero especialmente debe tener uno que lo caracterice y que le permita ser reconocido por ello.

Entre tantos valores que encontramos en mí, nos quedamos con la innovación. No hay día en el que no esté pensando en la siguiente etapa, en el nuevo producto, y en las tendencias del mercado. Con el avance tan rápido de la tecnología me toca estar muy atento a los cambios y variaciones de preferencia de los consumidores.

Para cultivar este valor siempre me reúno con adolescentes, especialmente con mi hijo y sus amigos. Ellos están en la *onda* de lo actual y lo moderno; cuando él se haga más adulto, de seguro me tocará juntarme con mis hijas que apenas están en preescolar, o con los adolescentes del momento. Yo fui de la generación que vio nacer el teléfono celular, las redes sociales y la televisión web. Para estar a la vanguardia no puedo despegarme de los que llevan la bandera de la innovación. Sus conversaciones y sus sueños son en muchos casos mi fuente de inspiración para crear contenido actual.

En tu caso, dependiendo del valor, debes buscar la manera de alimentarlo constantemente.

PASIÓN DE LA MARCA

Al hacer lo que te gusta con pasión, no solo te sentirás comprometido con lo que haces, sino que lograrás contagiar de motivación, compromiso, entusiasmo y alegría al entorno. Para identificar mi pasión respondí las siguientes preguntas:

Si dejas a un lado el dinero, ¿qué harías con el resto del tiempo?

En mi tiempo libre lo que hacía, y aún sigo haciendo, es ver películas, leer libros y escuchar información que me agregue valor. Muchos se burlan y se obstinan de mis conversaciones porque siempre me llevan a un aprendizaje. Por más que trato de dejarme llevar, siempre estoy buscando respuestas que terminan enseñándome en cada situación de vida.

También creo espacios para hablar con mis hijos, jugar con ellos y sumergirme en su mundo. Inexorablemente, eso también me deja un gran conocimiento.

Cuando se hace lo que a uno le gusta, y que además está alineado con el propósito de vida, es necesario ignorar comentarios negativos y seguir enrumbado hacia el objetivo. Esto si quieres convertirte en alguien realmente memorable.

¿Qué es lo que más te gusta hacer?

Entre todas las cosas que más disfruto, la que se destaca es enseñar. Imagino que será por la escuela de mi mamá, quien me enseñaba hasta cuando me regañaba.

Otra cosa que disfruto muchísimo es buscar el porqué de las cosas. Actualmente es mucho más sencillo encontrar respuestas, porque con los dispositivos inteligentes se puede acceder de inmediato a todo lo que se desee. En mi infancia me tocaba ir a una biblioteca, consultar una enciclopedia o preguntar a los abuelos.

¿Por qué escogiste lo que haces?

Yo considero que fue porque pude entender que las respuestas de mi futuro estaban en el pasado, y bastaba con hacer una correlación de hechos para saber que me tenía que dedicar a vender y a enseñar.

Pero también hay que considerar que, para llegar a consolidarse en lo que te haga único, tienes que pasar muchos tragos amargos. Algunos serán insoportables e incluso te harán cambiar de rumbo, pero recuerda que dejar de hacer lo que estás haciendo implica comenzar de cero y perder lo que hayas construido. Tampoco creo que la vía para inmortalizarse sea convertirse en un *todero*, alguien que a mi juicio sabe de todo, pero a la vez de nada.

¿Qué harías ad honórem?

Sin recibir un centavo creo que seguiría haciendo lo que hago hoy día. Cuando se trata de labores benéficas, fundaciones o universidades, mis honorarios se resumen en la satisfacción de dejar un conocimiento.

Evidentemente tienes que tener una posición financiera que te permita alcanzar tus sueños y, al mismo tiempo, ayudar a los demás. A los filantrópicos de oficio les puede faltar de todo, menos dinero para cubrir su estilo de vida.

Todas estas implicaciones me permitieron concluir que mi pasión es enseñar.

VISIÓN DE LA MARCA

Hay muchas formas de definir la visión personal, en lo que yo me centré fue en definir hacia dónde quiero ir. Concluí que lo que quiero lograr es hacer que los asistentes a mis conferencias, cursos y asesorías hagan de las ventas su estilo de vida, para alcanzar todo lo que se propongan.

Saber vender me ha permitido ser feliz en el ámbito familiar, profesional y personal. Así como también olvidarme para siempre de mis limitaciones económicas.

MISIÓN DE LA MARCA

Una vez definida la visión personal es mucho más fácil saber cómo quieres lograrlo. Esa es precisamente la misión. Yo me centré en ofrecer herramientas técnicas y tácticas a los asistentes de mis conferencias, cursos y asesorías, para que conviertan sus crisis en oportunidades. Porque por más que queramos vivir una vida ideal, siempre habrá problemas que resolver, circunstancias de apremio y situaciones inesperadas. Y es allí donde nacen los grandes. Mi papá siempre ha dicho que la vida es enfrentar, resolver y superar.

FORTALEZA DE LA MARCA

Este elemento te dará la fuerza para enfrentar, resolver y superar. En mi caso la creatividad es la que me saca de apuros de manera magistral.

Al completar todos estos elementos, ya estás listo para armar tu *PUVA* o Propuesta Única de Valor Agregado. Esta consiste en agrupar tu valor, fortaleza, pasión, misión y visión. De estas obtendrás tres palabras que te definan, las cuales serán tu esencia como marca y si realmente agregan valor al mundo, jamás pasarás por la vida sin ser recordado. Pero antes de revelar la mía, quiero que sepas que este libro que me ha llevado un poco más de dos años escribirlo, será el primero de muchos, Dios mediante. Así que esto no termina aquí, esto es apenas el comienzo.

En el capítulo dos cuando me hice por primera vez la pregunta de por qué era vendedor, decía que duré alrededor de tres años para encontrar esa respuesta y por ende mi verdadera razón de ser. Buscaba algo que realmente me hiciera distinto en el mercado y que además se convirtiera en mi *PUVA* o Propuesta Única de Valor Agregado. A diferencia de muchos en el mercado, no quería destacarme por vender sexo, a través de un cuerpo de fisicoculturista; dinero, mostrando mis prendas, propiedades y cuentas bancarias; o lastima, haciéndome la víctima por mis orígenes. Después de fusionar mis elementos, concluí que quería vender arte, profesionalismo y humanidad en el mundo de las ventas.

Mi PUVA es arte, profesionalismo y humanidad.

Yo soy Luis Cones, el artista de las ventas.

www.ingramcontent.com/pod-product-compliance
Lightning Source LLC
Chambersburg PA
CBHW060955230426
43665CB00015B/2207